Norbert Binder

Weil du Gott wertvoll bist

stoff wechsel e.V.

1

stoffi_KIDSCLUB ist ein Projekt vom stoffwechsel e.V., einer sozialdiakonischen Arbeit in Dresden, die 1993 von Sabine Ball initiiert wurde.
Unsere Arbeit wird durch Spenden finanziert und steht mittlerweile unter der Leitung des Mitgründers Ralf Knauthe/knafffi. Neben dem stoffi_KIDSCLUB bietet der stoffwechsel e.V. offene Treffs, Schuljugendarbeit und weitere Projekte an. Die Zielgruppen sind vorrangig sozial benachteiligte Kinder, Jugendliche und deren Familien.

stoffwechsel e.V.
Martin-Luther-Str. 29
01099 Dresden

fon_ 0351-8033500 · fax_ 0351-8033501
www.stoffwechsel.com · info@stoffwechsel.com

Impressum

Bestell-Nr.: 55652 · ISBN 3-938324-23-6

Oberer Garten 8 · D-72221 Haiterbach-Beihingen
Tel.: 0049-(0)7456-9393-0 · Fax: 0049-(0)7456-9393-29
email: info@cap-music.de · Onlineshop: www.cap-music.de

Fotos mit freundlicher Genehmigung der Urheber.
Titelfoto: Sven Scholz
Umschlaggestaltung: Norbert Binder, Matthias Straßburger
Lektorat: Isabel Reim
Satz: Claudia Kirschner
Druck: Schönbach-Druck

INHALTSVERZEICHNIS

Für_

IRIS DÖRING_

FRANK DÖRING_

ISABEL REIM_

die von Anfang an mit dabei sind_

Und alle die_

MITgedacht_

MITgebetet_

MITgearbeitet_

haben_

IHR SEID GOTT_UND UNS_ WERTVOLL_

VORWORT VON SABINE BALL

Seit vielen Jahren arbeiten Norbert Binder und sein Team am Konzept des stoffi_KIDSCLUB, bei dem es darum geht, hinzugehen zu den Kindern und nicht abzuwarten, bis sie zu uns kommen.
Durch kreative Ideen vermitteln sie unseren Kindern die gute Nachricht von Jesus Christus und Werte wie Wahrheit, Vertrauen und Treue.
In diesem Buch bericht Norbert, der seit 2001 Mitarbeiter und nun stellvertretender Leiter des stoffwechsel e.V. ist, aus seinen jahrelangen Erfahrungen aus der Arbeit mit Kindern und gibt Eltern, Kindermitarbeitern und Erziehern wertvolle Hinweise, wie man selbst mit Gottes Hilfe erfolgreich eine Kinderarbeit gestalten und aufbauen kann. So sind seine kreativen Ideen, die in Liedern, Puppentheaterstücke und vieles andere einfließen, Gottes Gaben, die ihn inspirieren und die er an andere weitergeben will.

Mit Gewissheit kann ich sagen, dass ein großer Teil unseres Erfolges im stoffwechsel durch die Hingabe und Liebe, die Norbert hier einbringt, kommt. Mich hat das Buch begeistert!
Durch unser gemeinsames Vertrauen auf Gott wird diese Arbeit auf Spendenbasis aufgebaut.

Sabine Ball

EINLEITUNG

Sie suchen nach neuen Wegen für missionarische Kinderarbeit? Oder Sie haben „Verlorene Kinder“ von Bill Wilson gelesen und überlegen sich, wie Sie die Berichte aus New York auf Ihre Situation anwenden können? Vielleicht interessieren Sie sich einfach für die Arbeit vom stoffwechsel e.V., die wir in Dresden tun.
Ich hoffe, dass das, was Gott uns gezeigt hat, Ihnen eine Hilfe sein kann, um Ihren ganz persönlichen Weg und Stil zu finden.
Dies ist nicht nur ein Buch über Kinderarbeit. Es stellt die Arbeit mit Kindern in einen Kontext – eine größere Vision. Deshalb sollte dieses Buch auch von Menschen gelesen werden, die in Leitungsverantwortung stehen.
Wir als Mitarbeiter vom stoffwechsel e.V. wollen sehen, wie sich ein Stadtteil verändert. Der Wohlgeruch Christi, so hat es Paulus einmal ausgedrückt, soll in unserem Stadtteil und in vielen anderen Stadtteilen Dresdens und ganz Deutschlands einziehen.

Zwar spiegelt dieses Buch sehr stark unsere persönliche Erfahrung in Dresden wieder, auf der anderen Seite sind viele Themen, die angesprochen werden, auch auf dörfliche Gegenden anwendbar. Außerdem darf nicht vergessen werden, dass gerade die Innenstädte der Platz sind, wo Trends entstehen. Vieles, was heute bei uns zu beobachten ist, wird deshalb in einigen Jahren in jedem Dorf so ähnlich anzutreffen sein.

Der erste Teil des Buches beschreibt die allgemeine Situation der Innenstädte, sowie den Kampf um die Kinder. Außerdem soll er herausfordern, aktiv zu werden und dort hinzugehen, wo die Not am größten ist. Der zweite Teil ist eine Art Handbuch über unsere Arbeit im stoffi_KIDSCLUB, die wir in Dresden tun. Jeder Inhalt unseres Programms wird genau beschrieben und erklärt.

Weil du Gott wertvoll bist – das ist unsere Botschaft. Egal, ob jemand unsere T-Shirts, unsere fahrbare Bühne oder unsere Flyer zu Gesicht bekommt – überall steht dieser Satz. Weil jeder Mensch, auch der Verkommenste, Gott wertvoll ist, darum tun wir diese Arbeit.

1

Warum beginnen wir nicht bei den Kindern? - Motivation

Mai 1996 – rechtzeitig zum Christival, dem großen christlichen Jugendkongress, der in jenem Jahr in Dresden stattfand, eröffneten wir das ‚Kraftwerk' – eine christliche Kneipe. Wir, das waren eine Hand voll Leute, die sich zum Ziel gesetzt hatten, in dem Dresdner Szeneviertel Neustadt, Punks, Künstler, New Age-Freaks und das Undefinierbare, was man als „Szene" bezeichnet, mit der guten Nachricht von Jesus Christus zu erreichen.

Kinder? Gut, unsere zweite Tochter war gerade geboren. Aber ansonsten waren Kinder nicht gerade in meinem Blickfeld. Wir wollten cool sein – und cool ist man, wenn man mit Jugendlichen zu tun hat.

Ich führte viele Gespräche über den Tresen hinweg. Menschen, die mir erzählt haben, wie sie Gott auf dem Trip begegnet sind, Atheisten, die an gar nichts, und Neuheiden, die an Wotan und Donar glauben, ehemalige CVJMer, die mit einem schlechten Gewissen berichteten, wie sie Gott nach und nach verlassen haben; und vieles mehr. Jeden Montag gab es die God's Hour, unseren Gottesdienst direkt in der Kneipe. Laut und krass, aber eines war sofort klar: Es ging um Jesus. Oft kamen Leute dazu, wurden Christen und ... die Probleme begannen.

Ich bin dankbar für das, was damals passierte und auch darüber, was heute noch im ‚Kraftwerk' los ist; denn aus der Kneipe entstand nach und nach eine Jugendkirche. Aber ein Gedanke begann, mich zu beschäftigen: Warum erreichen wir die Leute eigentlich nicht eher? Hätten wir nicht vieles vermeiden können, wenn wir 10 oder 20 Jahre früher da gewesen wären?

Wir begannen mit Schuldnerberatung, da einige bis über beide Ohren in den Miesen steckten. Für andere war es schon deshalb unmöglich, eine Arbeit zu finden, weil sie gar nicht dazu in der Lage waren, fünf Tage pro Woche acht Stunden zu arbeiten - sie hatten es einfach nie gelernt. Andere kamen kaum vom Alkohol los. Und das waren nur die vordergründigen Geschichten. Andere hatten schlimmste psychische oder körperliche Misshandlungen durchgemacht, wieder andere mit Okkultismus experimentiert oder sogar Sexualverbrechen begangen.

Manche wurden durch die Kraft Gottes spontan geheilt, verändert und befreit. Bei anderen war und ist es noch ein harter Kampf mit sich selbst, denn die Verhaltensweisen, die über Jahre hinweg einstudiert wurden, sind oft nur ganz schwer zu verändern.
Mit diesen Beispielen vor Augen, schob sich ein Gedanke in meinem Inneren immer mehr in den Vordergrund: Wir sollten helfen, **bevor** viel kaputt gegangen ist, vor dem ersten Diebstahl und vor den Drogen.

In dieser Zeit begann ich mir Gedanken zu machen über das, was wir tun können, um die Kinder aus dem Szene-Viertel zu erreichen. Ich probierte auch einiges aus, was aber nicht so richtig funktionierte. Mir schwebte etwas anderes vor, als das, was ich bisher an christlicher Kinderarbeit kannte. Ich wollte die nichtchristlichen Kids erreichen. Bei nur 21% Kirchenzugehörigkeit in Dresden ist das statistisch gesehen ja kein Problem. Und ich wollte auch für die Kids da sein, die es besonders schwer haben. Aber wie macht man das?

Im Frühjahr 1998 gaben zwei Ereignisse den Startschuss, um den ersten Kinderclub, wie er damals hieß, zu beginnen.

Zum einen kam Isabel Köhler (Reim), eine 20-jährige Frau, die zu der von mir gegründeten Jugendgruppe gehörte, von einem sechsmonatigen Englandaufenthalt zurück. Sie war dort innerhalb der Missionsgesellschaft OM (Operation Mobilisation) mit einem Team unterwegs gewesen, das vor allem christliche Kindershows durchführte. Mit Puppen, Illusionstricks, Pantomime etc. vermittelten sie vor allem in Grundschulen auf anschauliche Weise die christliche Botschaft. Isabel kam hochmotiviert und mit vielen Ideen zurück, was natürlich sehr inspirierend war.

Zum anderen predigte im gleichen Frühjahr Bill Wilson, Gründer von Metro Ministries aus New York (www.metroministries.com), in der Dresdner Dreikönigskirche. Ich hatte noch nie von ihm gehört, war aber sofort motiviert, zu seinem Vortrag zu gehen, als ich mitbekam, dass er mit seinem Team jede Woche 20.000 Kinder in den übelsten Gegenden von New York erreicht. Dieser Vortrag und noch mehr sein Buch „Verlorene Kinder“[1] motivierten uns, mit einer Arbeit unter Kindern anzufangen.

Im Mai 1998 begannen wir zu beten, bereiteten ein Programm vor und stellten uns jeden Freitag auf den Dresdner Alaunplatz, einem Park am Rand unseres Szeneviertels Dresden-Neustadt, und am Samstagvormittag auf den Markusplatz, inmitten des Arbeiterviertels Dresden-Pieschen, um Kindern von Jesus zu erzählen.

[1] **Wilson, Bill**: Verlorene Kinder – Eine Geschichte der Hoffnung für eine verlorene Generation, One Way Verlag Wuppertal und Wittenberg, 1994.

Isabel schleppte ihre Schwester Iris mit. Frank Döring, auch aus der Jugendgruppe, ließ sich trotz vehementem Widerstand breitschlagen, sich als Clown zu schminken. Wir versicherten ihm immer, dass wir nur eben jetzt gerade niemand anders hätten, aber wir würden schon noch jemanden finden. Nach sechs Jahren hat er sich aber so daran gewöhnt, dass er sich nun weigert, irgendetwas anderes als der Clown zu sein.

Wir bauten eine einfache Puppenbühne, nahmen mein Sketchboard mit, das ich noch aus Bibelschulzeiten besaß, eine Gitarre und einen großen Ghettoblaster, der jedem Hip-Hopper zur Ehre gereichen würde. Dankmar Fischer von der Heilsarmee hatte mir einmal erklärt, dass man überall in Deutschland genehmigungsfrei einen Open-Air-Gottesdienst abhalten kann. Es müsste nur Gebet, Lied und Predigt vorkommen. Daran hielten wir uns auch strikt und so begannen wir Open Air, mit wenig Erfahrung, aber mit umso mehr Enthusiasmus, unsere Kinderprogramme.

Leider schafften wir es nicht, auf dem Alaunplatz ein Stammpublikum zu erreichen, so dass wir dort nach einiger Zeit aufhörten. In Pieschen ließ es sich aber viel versprechend an und wir hatten nach ein paar Wochen bis zu 20 Kinder aus der näheren Umgebung, die meistens noch keine Berührung mit Christen gehabt hatten. Also genau das, was wir wollten.

Doch je wärmer es wurde, desto weniger Kids waren auf der Straße zu finden. Schließlich begannen die Sommerferien und damit war es ganz aus. Nach den Sommerferien ging es schleppend weiter. Warum schafften wir es nicht, dass die Kinder regelmäßig zu uns kamen?
Im September konnten wir dann die Sporthalle der Grundschule am Markusplatz mieten. Schließlich wollten wir ja auch im Winter weitermachen. Nur, beim allerersten Mal in der Sporthalle kam – niemand. Nach einer Stunde, als wir schon wieder frustriert abgebaut hatten, schaute ein Mädchen zur Türe rein und fragte: „Is' heut' nicht?".

Im Nachhinein betrachtet war dies eine der wichtigsten Erfahrungen. Uns wurden zwei Dinge klar: **Wir** können das nicht machen. Unser Programm mag noch so super sein, aber ohne Gottes Segen passiert gar nichts. Nur er kann die Kinder bringen. Also beteten wir wie die Weltmeister, hängten Plakate auf, verteilten Einladungen vor der Schule und taten einen Schritt, den wir sonst nie gemacht hätten – wir entschlossen uns, die Kinder zu Hause einzuladen.
Bei Bill Wilson hatten wir gelesen, dass in New York jede Woche jedes Kind eingeladen wird; aber in Dresden, so dachten wir, ist das unmöglich.

Die Dresdner haben eigentlich genug von Hausbesuchen. Nachdem es so etwas in DDR-Zeiten überhaupt nicht gab, wurde der Osten in der Nachwendezeit von

Vertretern nur so überschwemmt. Zeitschriften, Staubsauger, Jehova und vor allem Versicherungen über Versicherungen wurden von Tür zu Tür vermarktet. Und jetzt wir...? Aber nun, da keine Kinder gekommen waren, konnte es nicht mehr schlimmer werden.

Also begaben wir uns in die Offensive: Beim nächsten Kinderclub, zu dem dank Gebet und Werbung die Rekordzahl von 27 Kindern gekommen waren, sammelten wir alle Namen und Adressen und machten uns am kommenden Freitag auf den Weg, um für Samstag einzuladen.
Und tatsächlich: es funktionierte. Der Besuch blieb konstant und wuchs sogar an, so dass bis in den nächsten Monaten bis zu 50 Kinder kamen.

Beim Einladen gab es natürlich auch Rückschläge: die Gedanken an den Mann, der mich an der Türe anbrüllte, dann meinen Personalausweis sehen wollte und die Woche darauf seiner Tochter verbot, noch einmal mit uns Kontakt zu haben, machten mir noch längere Zeit zu schaffen.

In den kommenden Jahren bauten wir unsere Beziehungen aus, verbesserten unser Programm und gingen manchmal als Team durch schwere Zeiten. Wir erlebten, wie Kinder eine Beziehung zu Jesus begannen, manchmal auch, wie sie weggingen. Aber wir wünschten uns auch, dass noch mehr passieren würde.

Dann, im Frühjahr 2001, überlegten und beteten meine Frau Naemi und ich, wie unsere persönliche Zukunft aussehen sollte. Ich war gerade für ein Jahr vertretungsweise als Pastor in einer Evangelischen Freikirche angestellt. Uns war klar geworden, dass wir in Dresden bleiben sollten, um evangelistisch tätig zu sein. Aber was genau und mit welchem Geld das alles gehen sollte, war uns überhaupt nicht klar. Nun war es schon Anfang Juni und die Anstellung in der Freikirche lief Ende August aus.

Eines Tages besuchte ich wieder einmal den Treffpunkt stoffwechsel, auf der Suche nach einem bestimmten Jugendlichen. Dieser Treffpunkt, der 1993 von Sabine Ball gegründet wurde, ist der Beginn, aus dem die ganze weitere Arbeit entstand, die jetzt unter dem Namen stoffwechsel e.V. bekannt ist. Thurid, die Köchin, sprach mich mit den Worten an: „Schön, Norbert, dass du kommst, ich habe heute schon an dich gedacht!“ Das kam mir sehr seltsam vor, da ich in den letzten vier Jahren vielleicht zweimal im Jahr dort aufgetaucht war.

Sabine Ball kannte ich schon einige Jahre, auch Ralf Knauthe/knafffi (seit Nov. 2005 Leiter vom stoffwechsel e.V.) und Thurid, die als feste Säulen in der Arbeit standen. Insgeheim dachte ich öfter mal daran, dass ich dort gerne mitarbeiten würde, aber aus allem, was ich in den letzten Jahren vom stoffwechsel mitbekommen hatte, schloss ich, dass mein Berufsbild nicht so richtig reinpasste. Und nun dies... .

Um es kurz zu machen: Nach zwei Wochen war uns allen klar, das ich dort anfangen würde und weitere 14 Tage später zogen wir als Familie schon in eine große Wohnung in den Häusern des stoffwechsel e.V. ein.

Eines meiner Hauptaufgaben ist nun seit September 2001 die Durchführung von Kinderprogrammen. Neben dem Programm in Dresden-Pieschen begannen wir, einmal pro Woche in einer Schule in der Nähe vom Treffpunkt stoffwechsel mit dem stoffi_KIDSCLUB, wie das Programm jetzt heißt.

Nach einem weiteren Jahr versorgte uns Gott mit einem Anhänger, dem stoffi_HÄNGER, den wir als fahrbare Bühne für unsere Open Air Programme benutzen. Nun sind wir mit dem stoffi_HÄNGER im Sommerhalbjahr wieder auf dem Alaunplatz, den wir ganz am Anfang aufgegeben hatten, weil damals keine Kinder kamen. Heute erreichen wir dort jede Woche 50-100 Kinder und bis zu 30 Erwachsene.

Während ich diese Zeilen schreibe, haben wir gerade in einem dritten Stadtteil begonnen und planen, weitere Stadtteile mit dem stoffi_HÄNGER anzufahren. Pro Woche erreichen wir in den Sommermonaten bei den regulären stoffi_KIDSCLUBs 80-150 Kinder, dazu noch weitere bei Straßenfesten, Schulfesten usw. Jede Woche besuchen unsere Mitarbeiter ca. 300 Kinder und laden sie ganz persönlich zum stoffi_KIDSCLUB ein. Der größte Teil dieser Kinder kommt aus Familien, die keinerlei Beziehungen zu Christen haben.

Wer kommt denn da aus der Kiste?
Frank Döring als Clown Paul bei einem unserer ersten Kidsclubs

2

Jesus ins Viertel bringen - Hingehen

_Die Ausgangssituation

Satan regiert! Scheiß Christen! Solche und ähnliche – zum Teil noch viel haarsträubendere Ausdrücke bekomme ich regelmäßig von Teenagern an den Kopf geknallt, wenn ich, wie fast jeden Donnerstagnachmittag, auf dem Fußballplatz aufkreuze, um mit ihnen zu spielen und dabei Beziehungen aufzubauen. Warum tue ich mir das an? Weil die Menschen Jesus brauchen.

Seit mich meine Eltern nicht mehr hintragen, gehe ich zur Kirche. Ich habe ehrenamtlich und hauptamtlich in Freikirchen und Landeskirchen mitgearbeitet. Doch was mich schon lange betrübt, ist, dass wir keine richtige Perspektive haben für eine Welt, die immer verlorener wird – falls dieser Begriff steigerungsfähig ist.
Wir predigen davon, unsere Nachbarn zu erreichen und machen ab und zu mal eine Evangelisation, einen Gottesdienst für Kirchendistanzierte oder ein Nachbarschaftsfest. Alles sehr gute und wichtige Dinge und im Zusammenhang mit diesen Vorhaben kommen ja auch Menschen zum Glauben.

Aber was mich wirklich bedrückt, ist: Jesus Christus, die Kirche und alles was damit zusammenhängt, hat keinen Platz mehr im Leben und im Denken der normalen Bevölkerung.
Für die meisten Menschen ist es vollkommen egal, ob es uns gibt oder nicht. Natürlich ist das nicht überall so, aber die Tendenz geht eindeutig in diese Richtung.

Gerade in den großen Städten haben wir unseren Platz im Leben der Menschen verloren. Je größer die Verstädterung, desto weniger geistliches Leben, scheint die Faustregel zu sein. In Ostdeutschland sind die meisten Menschen, wie schon erwähnt, sowieso nicht mehr in der Kirche. Aber, wenn man ehrlich ist, sieht es im Westen ähnlich aus, nur unter anderen Voraussetzungen. Der Mittelstand, zu dem auch die meisten Christen gehören, hat sich immer mehr in die Speckgürtel der Großstädte verabschiedet. Die Innenstädte sind mancherorts mehr moslemisch als christlich und andernorts schlicht und einfach heidnisch.

_HINGEHEN

Doch wie kann sich das ändern? Was können wir tun, dass Menschen erkennen, wie gut es wäre, Jesus kennen zu lernen und Christ zu werden? Es gibt viele Ansatzpunkte, um das verändern. Natürlich müssen wir beten, wir müssen authentisch leben usw. Und natürlich ist es Gottes Gnade und nicht unsere gewaltige Anstrengung, die unser Land erneuert.
Aber, und darum geht es in diesem Buch, das nützt alles nichts, wenn wir nicht zu den Menschen hingehen. Bevor Jesus die Erde verließ, hat er uns nicht aufgetragen Kirchengebäude zu bauen und die Menschen dorthin einzuladen. Nein, er sagte: Geht hin! (Matthäus 28, 19)

Ich erlebe, wie wir alle ständig in Gefahr sind, diese zwei Worte „Geht hin" zu vergessen. Wir sagen lieber: „Kommt zu uns!" Wir bauen Gebäude und sagen: „Kommt her!"
Eines der Lieblingsthemen vieler Kirchenvorstände ist: „Wir haben so ein großes und schönes Gemeindehaus, wir haben so viel Geld investiert. Wie können wir es nur voll bekommen?" Nichts gegen Bauvorhaben, wir als stoffwechsel e.V. bauen auch ständig an unseren sanierungsbedürftigen Häusern, aber wichtiger (und billiger) ist: Geht hin!

Warum sollen wir denn hingehen?
Für mich ist ein wichtiges Argument: Der, der zum anderen geht, der riskiert etwas! Wenn jemand, der nie zuvor einen Gottesdienst besucht hat, dorthin geht, riskiert er etwas. Er kennt die Leute nicht, er weiß nicht genau, was dort abläuft und schon gar nicht, ob dass eine angenehme Erfahrung werden wird.

Mir geht es so, dass ich erst einmal vorsichtig bin, wenn ich den Gottesdienst einer Gemeinde besuche, die ich nicht kenne. Selbst der Gottesdienst einer normalen evangelischen Landeskirche in Sachsen läuft anders ab als in Württemberg. Da setzt man sich doch lieber weiter nach hinten, um nicht Gefahr zu laufen, im falschen Moment aufzustehen oder loszusingen.

Da ich ziemlich neugierig bin, habe ich eines Tages die Einladung eines Zeugen Jehovas angenommen, mit zum Gottesdienst zu gehen. Es war gerade Karfreitag und da dort nur an diesem Tag das Abendmahl gefeiert wird, fand ich es besonders interessant, dabei zu sein (übrigens dürfen nur die auserwählten 144.000 das Abendmahl nehmen, was dazu führte, dass bei diesem Gottesdienst kein Einziger etwas nahm. Ich vorsichtshalber auch nicht). Aber als ich mich auf den Weg zum Königreichssaal begab, fand ich das gar nicht mehr so verlockend. Ich dachte: hoffentlich mache ich nichts falsch und hoffentlich bequatschen die Leute mich nicht zu sehr. Dort angekommen waren vielleicht 150 Personen versammelt und ich hatte schon ein leicht mulmiges Gefühl in der Magengegend. Schließlich waren die mit 150:1 in der Überzahl. Ich habe es überlebt, bin nicht vom Glauben abgefallen und wurde auch sehr nett behandelt, aber es war mir doch eine Lehre.

Die meisten Nichtchristen, die zum ersten Mal ein kirchliches Gebäude betreten, werden sich auch so fühlen. Es handelt sich gewissermaßen um eine feindliche Umgebung. Sie betreten ein fremdes Gebäude, treffen überwiegend fremden Menschen und sehen fremdartige Gebräuche.

Dies war eine Erfahrung, die mich dazu veranlasste zu sagen: Wir müssen hingehen, um den Menschen **dort** die gute Botschaft zu sagen, wo sie sich heimisch fühlen. Das ist gar nicht so einfach: vor 100 Menschen in einem Park zu stehen und von seinem Glauben an Jesus zu erzählen, ist etwas ganz anderes als dasselbe in der Kirche zu tun, auch wenn die meisten Zuhörer im Park Kinder sind. Man weiß nie, was geschieht. Bisher gab es Open Air nur kleinere Zwischenfälle mit Betrunkenen, und einzelne Eltern haben nur im Vier-Augen-Gespräch unser Programm kritisiert, aber ich rechne damit, dass noch einiges passieren wird.
Das Schlimmste, das uns bisher widerfuhr, war, dass uns ein Vater in einer öffentlichen Diskussion, bei der die Polizei, ein Schulleiter und der Ortsamtsleiter teilnahmen, Nazi-Methoden vorwarf. Das hing damit zusammen, dass sein Sohn von einem Mitarbeiter festgehalten wurde, um zu verhindern, dass dieser einen anderen Jungen verprügelte. Zu unserem Glück hatte die Familie des Vaters so einen schlechten Ruf, dass niemand dem Mann Glauben schenkte.

Wir gehen also mit unserem Kinderprogramm bewusst dorthin, wo viele Kinder sind. Meistens handelt es sich im Sommerhalbjahr um zentrale Open Air-Plätze, sowie im Winterhalbjahr um eine Turnhalle bzw. Aula an verschiedenen Grundschulen.

_JESUS WIRD THEMA

Auf einmal sind also Menschen mit Christen konfrontiert, die sich sonst nie mit dieser Religion beschäftigt hätten. Dadurch, dass wir regelmäßig an den gleichen Orten sind, haben wir auch automatisch Einfluss auf ein bestimmtes, meist ziemlich gut abzugrenzendes Zielgebiet. Es ist uns klar, dass wir als kleine Gruppe Jesus nicht in ganz Dresden zum Stadtgespräch machen können. In einem kleineren Zielgebiet ist das aber schon möglich.

Ich höre öfters von Bekannten, die mithören, wie sich die Leute über uns unterhalten oder wie sie auf unsere Arbeit angesprochen wurden. Lehrer, Erzieher oder Sozialarbeiter müssen sich ein Bild über uns machen, einfach weil sie mit uns konfrontiert werden. Nachdem wir einige Jahre jede Woche bei derselben Familie zum Einladen klingeln, müssen sich auch die Eltern Gedanken machen.

Es gibt leider auch einige Kinder, die nicht mehr zum stoffi_KIDSCLUB kommen dürfen, weil wir Christen sind. Das ist bedrückend, aber doch mussten sie sich zumindest kurz mit den Christen auseinandersetzen.

Vor kurzem hatte ich folgendes Erlebnis: Ein Junge rief von meinem Handy aus daheim an, weil er drei Schlüssel, unter anderem den Haustürschlüssel, verloren hatte. Er hatte schon den ganzen Platz abgesucht. Ich half ihm auch dabei, doch die Schlüssel tauchten einfach nicht auf. Die Mutter am Telefon war verständlicherweise total sauer. Ein anderes Kind, auch aus einem nichtchristlichen Umfeld, das daneben stand, schlug vor: Betet doch dafür! Der beste Freund des Jungen meinte auch, das wäre wichtig und auch der Junge selbst fand den Vorschlag gut.

Also betete ich, zugegebenermaßen nicht mit sehr viel Glauben, aber dafür inbrünstig. Solche Situationen sind für Kinder ja schon fast wie ein Gottesbeweis. Ich hoffte wirklich von ganzem Herzen, dass es funktionieren würde. Und tatsächlich: Keine Minute später kam ein Mitarbeiter mit dem Schlüssel in der Hand vorbei. Eine weitere Minute später hatten wir dann die anderen zwei Schlüssel auch noch entdeckt. Also rief er noch einmal voller Freude daheim an: „Mama, wir haben zu Gott gebetet und den Schlüssel gefunden“.

Eins ist klar: sowohl die Mutter als auch die drei beteiligten Kinder müssen sich jetzt mit Jesus auseinandersetzen. Sie können das Erlebnis als Zufall deklarieren, aber sie müssen zumindest darüber nachdenken. Und so ist es unser Ziel, dass jeder im Stadtteil mit der Frage nach Gott konfrontiert wird. Noch mehr: Jeder soll die Möglichkeit haben, sich klar für oder gegen Gott entscheiden zu können.

_GEMEINDEN FÜR DIE INNENSTÄDTE

Um dieses Ziel in möglichst vielen Gegenden Deutschlands zu erreichen, brauchen wir aber nicht nur Initiativen wie den stoffwechsel, sondern auch Gemeinden. Wir erreichen überwiegend Kinder und Familien aus sozial schwachen Familien. Die normale christliche Gemeinde in Deutschland ist jedoch eine Mittelschichtgemeinde.

Es gibt viele Gemeinden, die in Stadtzentren angesiedelt sind. Doch in den meisten dieser Gemeinden stelle ich fest, dass eine große Zahl von Mitgliedern aus den reicheren Wohngegenden oder aus dem Umland kommt.

Eine ehemalige ehrenamtliche Mitarbeiterin im Treffpunkt stoffwechsel erzählte mir, wie sie einmal die Eltern einer unserer Kids mit zum Gottesdienst in ihre Kirche genommen hat. Der Versuch war schon allein deshalb gescheitert, weil alle Anwesenden ein anderes Niveau zu haben schienen. Auch das Gebäude, die Dekoration und der ganze Stil des Gottesdienstes sagten: „Ihr gehört hier nicht dazu! Das hier sind andere Menschen."

Das ist kein Vorwurf an alle bestehenden Gemeinden. Es ist ja löblich, dass die Christen ordentliche Menschen sind, die es, weil sie fleißig sind und ihr Geld nicht versaufen, zu etwas gebracht haben. Doch ich denke, dass manche Gemeinden nicht so handeln, wie Gott es sich für sie gedacht hat.

Die Gemeinde, in der Naemi und ich getraut wurden, befindet sich mitten im Szeneviertel von Stuttgart, umgeben von Kneipen und Bordells. Bis vor einigen Jahren hatte die Kirche keinerlei Kontakt zu dieser Gegend. Die Gläubigen kamen am Sonntagmorgen und unter der Woche zur Bibelstunde in die Gemeinde, ansonsten wohnten die Meisten weit weg. Es waren ordentliche Bürger, die es sich nicht vorstellen konnten, dass ihre Gemeinde irgendetwas mit diesen Menschen zu tun haben könnte. Sie lebten ein anderes Leben in den schöneren Gegenden der Stadt. Was sollten sie mit den Prostituierten aus dem Nachbarhaus der Gemeinde zu tun haben? Heute ändert sich etwas, es gibt einen Schülertreff, bei dem Kinder aus der Nachbarschaft, meistens Ausländer, Mittagessen und Hausaufgabenbetreuung bekommen. Es gibt jede Woche eine Suppenküche für Obdachlose, wo richtig was los ist. Ich freue mich darüber. Denn warum sollte Gott diese Gemeinde in diesem Viertel platzieren, wenn nicht, um dort für die Menschen da zu sein?

Es ist nicht mein Wunsch, dass sich jede Gemeinde eine neue Zielgruppe sucht, oder jeder Christ in die schlechten Stadtviertel ziehen soll. Gott hat für jeden eine andere Aufgabe. Ich glaube aber, dass Gott für mehr Christen den Auftrag hat, dort hinzuziehen, wo die Brennpunkte unserer Gesellschaft sind, als es gegenwärtig der Fall ist. Ich bete für Gemeinden, denen es nicht darauf ankommt, anspruchsvoll zu sein, sondern so verständlich und schlicht, dass jeder kapiert, was dort passiert.

Stellen sie sich einen normalen 50-jährigen Maurer vor, der schlecht in der Schule war und seit fünf Jahren arbeitslos ist. Er kann arbeiten, besitzt einen gesunden Menschenverstand, hat aber nach dem Ende seiner Schulzeit seit 35 Jahren keine Vorträge mehr gehört. Er interessiert sich hoffentlich für Jesus, aber die Art und Weise, wie ihm die Sache geschildert wird, ist ihm oft einfach zu kompliziert. Er bekommt seine sonstigen Informationen aus dem Fernseher oder unterhält sich mit Shows und Actionfilmen. Nun kommt er in irgendeine x-beliebige Gemeinde und hört dort einen 30-minütigen Vortrag über einen

Text, der vor 2000 Jahren aufgeschrieben wurde. Studenten, die sich mit Textinterpretationen beschäftigen oder Christen, die schon immer solche Vorträge hören, können der ganzen Sache bestimmt folgen (oder auch nicht). Aber was soll dieser Mann mit solchen Vorträgen über griechische Worte und in Bezug zu noch nie gehörten Texten anfangen? Im Normalfall taucht er nach fünf Minuten mental ab, um vielleicht noch einmal aufzutauchen, wenn der Redner einen Witz oder eine schöne Geschichte erzählt.

Nichts gegen solche Predigten, für die intellektuelle Elite ist das sicher angebracht. Was man mir auf der Bibelschule beibrachte (und auch jeder andere Student oder Bibelschüler beigebracht bekommt), sind Reden, wie sie gebildete Menschen gut finden. Denn gebildete Menschen (Dozenten) unterrichten mehr oder weniger gebildete Menschen (Schüler) in der Kunst des Redens. Natürlich versucht man, den zukünftigen Pastoren beizubringen, die Bibelstellen in den Alltag zu übertragen. Aber für unseren Maurer ist vieles zu umständlich und vor allem zu langweilig. Wir brauchen Gemeinden für einfache Menschen.

Für mich sind die Anfänge der Heilsarmee ein Beispiel, wie das aussehen könnte. Als die Heilarmee im 19. Jahrhundert gegründet wurde, ließ William Booth, der Gründer und ausgebildeter Methodistenpastor, die einfachen Leute predigen. Menschen, die keine anständige Grammatik kannten und nicht einmal lesen konnten, predigten das Wort Gottes so, dass es jeder kapierte. Einige Intellektuelle regten sich über solche Prediger auf, aber das waren auch nicht Worte für sie. Manches war nicht ganz so geschliffen und theologisch abgewogen, aber durch diese schlichten Verkündiger breitete sich diese Armee Gottes in Windeseile auf der ganzen Welt aus. Die Melodien, die in ihren Gottesdienst gesungen wurden, waren die Gassenhauer, die sie früher in der Kneipe grölten und ihre Kirchen bestanden oft aus einfachen, grob gezimmerten Bretterbuden.

Bei der Heilsarmee versammelten sich die Leute, die sich nicht in die nobleren Kirchen trauten. Endlich, so stellten sie fest, ist Jesus auch für uns erreichbar. Seine Botschaft gilt nicht nur für die Guten und Wohlsituierten, sondern vor allem für die Armen und die Sünder.
Und, falls ich die Bibel richtig verstehe, ist das heute noch so, oder?

Isabel Reim predigt Kindern und Erwachsenen
in der Grundschule anlässlich unseres Stadtteilfestes „Pieschener Hafenfest“

3

„Wir sind zuständig!“ - Vision

Sabine Ball, die Gründerin unseres Vereines stoffwechsel e.V., sagt immer in ihren Vorträgen: „Wenn ich mir überlege, was mich am Christentum überzeugt hätte, dann wäre es das: Dass die Christen sich geliebt und um die Not der Menschen gekümmert hätten.“

Als Gott Abraham auswählte, da sagte er ihm unter anderem diesen Satz: Ich will dich segnen und du sollst ein Segen sein (1. Mose 12, 2). Gott schickte Abraham nicht einfach los, um in ein fremdes Land zu ziehen, sondern er segnete ihn auch. Als Christen sind wir ebenso von Gott beauftragt, bestimmte Dinge zu tun und an bestimmte Orte zu gehen. Jeder erhält einen anderen Dienstauftrag. Darüber hinaus hat uns Gott unglaublich gesegnet: Wir gehören einem liebenden Vater im Himmel. Unsere Sünden sind vergeben. Wir haben den Heiligen Geist bekommen, der immer mit uns ist und uns mit seinen Gaben ausrüstet. Es gibt die Verheißung einer Wohnung im Himmel, die schöner ist, als wir uns je vorstellen können und vieles mehr.
Wir sind reich gesegnet und deshalb sollen wir auch ein Segen sein.

Unser Land braucht dieses segnende Handeln der Christen mehr als alles andere. Materiell sind wir überreich, aber innerlich auf dem Weg in die kollektive Depression. Alles wird schlechter, das ist das Motto, unter dem das 21. Jahrhundert zu stehen scheint. Die Rente, die Krankenkasse, die Familien, die Politik - alles scheint aus dem Gleichgewicht zu geraten. Und die Gewalt eskaliert weltweit. Wir Christen müssen ein Segen sein oder wir haben als Gemeinde unsere Existenzberechtigung verloren.
In diesem Buch schreibe ich viel über soziale Brennpunkte, aber die Probleme nehmen auch in den wohlhabenderen Gegenden Deutschlands zu. Das Grundprinzip gilt dort genauso.

Neben der Leitung vom stoffi_KIDSCLUB leite ich ein Team des stoffwechsel, dass im Stadtteil Dresden-Pieschen arbeitet. Dieses Team besteht aus haupt- und ehrenamtlichen Mitarbeitern. Fast alle von uns wohnen im Stadtteil. Wir wollen nicht von außen kommen, sondern Teil des Viertels sein. Es geht nicht um einen isolierten Dienst, sondern darum, sein Leben für die Menschen im Stadtteil zu geben. Und deshalb wohnen diese Lehrer, Buchhändler oder Studenten im Zielgebiet. Einige sind extra deswegen umgezogen. Ich bin begeistert davon, solche motivierten Mitarbeiter zu haben.

Mein Lieblingsslogan für unser Team lautet: „Wir sind zuständig!" Wenn es ein Problem im Stadtteil gibt, dann ist das unser Problem. Ich bin mir dessen bewusst, dass dies für uns noch zwei Nummern zu groß ist. Aber dort wollen wir hinkommen: „Wo immer es im Stadtteil ein Problem gibt: Wir sind zuständig!" Deshalb haben wir in den letzten Jahren Fahrräder repariert, bei Umzügen geholfen, uns um schwierige Teenager gekümmert und eine Beerdigung gehalten. Und so ist es unser Ziel, weiter zu wachsen, um unserem Anspruch gerecht zu werden.

Durch Gottes Hilfe konnten wir als stoffwechsel e.V. im Herbst 2003 mit Spendengeldern eine ehemalige Tischlerei mit einem Wohnhaus und zwei Werkstattgebäuden erwerben. Diese bauen wir zur Zeit mit Spenden zu einem Stadtteilzentrum für Kinder und Jugendliche um. Dort können wir bald täglich ein warmes Mittagessen anbieten, in einer Tischlerei und Metallwerkstatt arbeiten und weitere separate Angebote für Kinder und Jugendliche schaffen.

Meine Frau Naemi ist die Vorsitzende des Vereins Startblock e.V., der einen christlichen Kindergarten eröffnet. In unserem Ortsamtsbezirk fehlen zurzeit ca. 300 Kindergartenplätze und so können wir auch hier etwas anbieten, das im Viertel dringend benötigt wird.

Das alles entsteht aber nicht über Nacht. Seit einigen Jahren haben wir für solche Dinge gebetet und jetzt endlich sehen wir erste Früchte.

In Dresden wird das Geld, wie überall, immer knapper. Jedes Jahr sind neue Einschnitte im Sozialhaushalt nötig, um die städtischen Finanzen irgendwie auf die Reihe zu bekommen. Jugendeinrichtungen schließen und Beratungsstellen verkleinern ihr Angebot. Jedes Jahr müssen Sozialarbeiter um ihren Job bangen.

Als stoffwechsel e.V. haben wir uns entschieden, unsere Arbeit aus Spenden zu finanzieren und keine Fördermittel zu beantragen. Dadurch sind wir auch flexibler und unabhängiger, und können dort helfen, wo wir Bedarf sehen und wie wir das als richtig empfinden. Wir möchten Glauben praktizieren und für die Stadt ein Segen sein.

Was besonders betont werden muss: Das alles ist kein Mittel zum Zweck! Wir tun diese Dinge nicht in erster Linie, um die Leute zu bekehren. Natürlich wünschen wir uns, dass sie Christen werden. Schließlich ist das aus unserer Sicht das Beste, was einem Menschen passieren kann. Aber das ist nicht unsere Motivation. Wir wollen die Liebe weitergeben, die wir selbst erhalten haben, egal was dabei herauskommt. Gottes Liebe ist nicht berechnend und nicht zweckgebunden.

Dieser Ansatz sieht in der Praxis so aus: wir haben ein Programmteam aus Praktikanten und mindestens einem hauptamtlichen Mitarbeiter, das für die Vorbereitung des stoffi_KIDSCLUBs zuständig ist. Dasselbe Programm wird in verschiedenen Gegenden durchgeführt. An jedem Ort, an dem der stoffi_KIDSCLUB durchgeführt wird, gibt es dann ein Stadtteil-Team, das für die persönliche Beziehung zu den Kids zuständig ist. Dieses Team ist auch bei den Kinderprogrammen dabei, hat aber wenig Anteil am eigentlichen „Show"-Programm. Diese Mitarbeiter sind für die anschließenden Kleingruppen und alles, was mit Beziehungen zu tun hat, verantwortlich.

NOCH ZWEI BEMERKUNGEN ZUM SCHLUSS DES KAPITELS:

_DIE PROBLEME WERDEN GESEHEN

Wir Christen sind nicht die Einzigen, die sagen, es muss etwas passieren. Reden Sie doch einmal mit Ihrem Bürgermeister. Gerade die Leute, die in unserem Land Verantwortung tragen, sehen die Probleme oft genauso. Bürgermeister, Schulleiter oder Polizeichefs sind oft dankbar, dass etwas passiert, und wenn es sie nichts kostet, sind sie noch glücklicher.
Viele dieser Leute sind persönlich sehr engagiert und sie erwarten von uns durchaus, dass wir etwas tun. Eine leitende Persönlichkeit in einem Stadtteil erzählte mir, wie er den Ortspfarrer zweimal angesprochen hätte: „Öffnen Sie doch Ihre Kirche für die Jugendlichen"; aber der habe kein Interesse gehabt. Egal wie die Einstellung zum Christentum ist: Wer etwas Gutes für die Menschen macht, ist meistens willkommen.

_ZUSAMMENARBEIT

Wir versuchen, unsere Arbeit im Viertel so zu vernetzen, dass wir mit möglichst vielen Christen zusammenarbeiten. Jeder, der dasselbe Ziel hat, ist willkommen. Es muss auch nicht jeder direkt mit dem stoffwechsel zu tun haben. Wer aber unser Anliegen teilt und aktiv dieses „Wir sind zuständig" ausleben will, mit dem wollen wir zusammen sein.

Ich bin z.B. froh über zwei kleine Gebetstreffen in Dresden-Pieschen, dem Stadtviertel für das ich mich besonders zuständig fühle, in denen sich jeweils Frauen aus verschiedensten Gemeinden treffen um für bestimmte Anliegen im Stadtteil zu beten.

Wenn wir wirklich etwas bewirken wollen im Stadtteil, dann müssen wir das zusammen tun. Wir müssen uns als Christen verschiedener Konfessionen lieben, achten, respektieren, voneinander wissen und füreinander beten. Unsere Bibelstunden müssen wir nicht unbedingt zusammenlegen. Gerne darf auch jeder seine Taufauffassung behalten, aber die Welt wird erst Jesus Christus als von Gott gesandten Retter erkennen, wenn wir ihn gemeinsam als sein Leib darstellen.

4

Das zerrissene Leben der Kinder - Kampfgebiete

Vieles, das bisher in diesem Buch steht, ist nicht speziell auf Kinder bezogen. Warum kümmern wir uns dann eigentlich besonders um die Kinder?

_INVESTITION ZUKUNFT

„Ich habe keinen Bezug dazu. Ich bin eben nicht damit aufgewachsen. Bei uns in der DDR gab's das nicht." Dies sind typische Aussagen, die ich so oder ähnlich ständig höre, wenn ich mit Dresdnern über den christlichen Glauben diskutierte. Als Argument des Einzelnen lasse ich das natürlich nicht so stehen, denn es gibt auch Gegenbeispiele, als Gesamtargument ist es aber durchaus zutreffend.
„Was Hänschen nicht lernt, lernt Hans nimmermehr", das stand schon über dem Dorfschuleingang der Grundschule meines Heimatortes in Württemberg. Und auch wenn es auch so nicht ganz stimmt: Es ist etwas dran!

Wie ich weiter vorne geschrieben habe, war ja mein Hauptauslöser der Gedanke: wir müssen die Menschen erreichen, bevor viel kaputt gegangen ist. Ungefähr 80% der Kinder, mit denen wir zu tun haben, leben nicht mehr bei beiden Elternteilen.

Viel zu viele Eltern in unserem Land kommen selbst nicht mehr mit dem Leben klar. Alkohol, Depressionen und Beziehungslosigkeit machen sie kaputt. Diese und andere zerstörerische Einflüsse geben sie ungefiltert ihren Kindern weiter, die sie wieder, oft noch verstärkt, ihren Kindern unbewusst vermitteln und so geht es weiter. Doch irgendwo muss diese Negativspirale durchbrochen werden!

Wir fangen bei den Kindern an, weil es dort noch am ehesten möglich ist, ihr Leben positiv zu verändern. Wir wollen ihnen zeigen, dass es anders geht und dass sie mit Gottes Hilfe ein anderes Leben führen können.

_KINDER WERDEN BEEINFLUSST

Kinder werden mit sehr vielen Einflüssen bombardiert. Sie nehmen auf, was gesagt und beworben wird und probieren es aus. Wenn Kinder aus schwierigeren Verhältnissen schon früh mit anderen positiven Werten konfrontiert werden, dann haben sie wenigstens eine wirkliche Wahl zwischen verschiedenen Lebensstilen. Sie müssen dann nicht den anscheinend vorprogrammierten Weg gehen. Bessere Entscheidungen in Bezug auf Ausbildung, Beziehungen zum anderen Geschlecht, Kindererziehung usw. können ihr Leben zu einem Segen machen.

Wenn ein Mensch erst später zu Jesus findet und sein Leben ändert, ist das natürlich auch großartig, aber viele Entscheidungen sind nicht mehr rückgängig zu machen. Deshalb sollten wir bei den Kindern beginnen.

_KAMPFGEBIETE

Auf vielen Gebieten tobt ein Kampf um unsere Kinder. Ich bin immer wieder traurig zu sehen, wie wenig unsere Gemeinden in Kinderarbeit investieren. Die vielleicht umkämpfteste gesellschaftliche Gruppe, die Kinder, kommt auf unseren Gebets- und Budgetlisten meist sehr kurz.

Immer wieder wird mir in Dresden vorgeschwärmt, was zu DDR-Zeiten alles für Kinder angeboten wurde. Bei den Jungpionieren, den Thälmannpionieren und in der Jugendorganisation FDJ (Freie Deutsche Jugend), da sei was los gewesen. Und das stimmt auch! Die DDR-Regierung war sich im Klaren darüber, dass sie in die Kinder investieren muss. Sie sollten so geformt werden, dass sie die sozialistische Gesellschaft weiterbringen könnten, hin zum vollendeten Kommunismus.

Aber auch heute sind unsere Kinder umkämpft – das fängt schon bei der Abtreibung an! Viele kommen gar nicht erst auf die Welt. Wenn sie geboren werden, ziehen verschiedenste Interessengruppen mehr oder weniger offensichtlich an unseren Kindern. Die Werbeindustrie setzt Milliarden alleine in der Werbung für Kinder um. Neben Figuren wie Bob der Baumeister, dem man attestieren kann, eine positive Arbeitseinstellung zu verbreiten (YO! Wir schaffen das), ist vieles nicht gerade förderlich. Wir Christen regen uns dann auf, wenn der halbe Schulhof mit Yu-Gi-Oh Karten handelt, aber was sind wir bereit zu investieren – auch an Geld?

Ich möchte hier einige wichtige Themen anreißen, mit denen wir besonders konfrontiert werden.

_IDENTITÄT

Auf unseren Einladetouren kommt es öfter vor, dass wir Kinder nicht finden. Eine Variante ist, dass zwar die Namen der Mutter und ihres neuen Freundes auf dem Briefkasten stehen, aber dass das Kind den Nachnamen des eigentlichen Vater trägt. Gar nicht so einfach. Was bedeutet das für die Identität des Kindes? Wem fühlt es sich zugehörig?

Mit einigen Kindern über ihren Vater zu sprechen, ist eine wirklich schwere Übung. Vater, das könnte ein Titel für verschiedenste Männer sein: Der Erzeuger, der frühere Lebensgefährte der Mutter, der das Kind in den ersten Lebensjahren stark geprägt hat oder der, der jetzt mit der Mutter zusammen ist! Zum wem gehört nun das Kind?

Kinder aus so genannten Patchwork-Familien sind die Norm in unserer Arbeit. Wir haben uns mittlerweile schon so daran gewöhnt, dass uns nichts mehr so schnell aus der Ruhe bringen kann. Aber die 11-jährige, die nicht wusste, wie viele Personen in ihrer Wohnung leben, hat mich dann doch überrascht. Mittlerweile kann ich auch das nachvollziehen, denn wir haben einige Familien kennen gelernt, bei denen wir immer wieder erstaunt sind, wer einen heute wieder an der Türe begrüßt. Vielleicht einer der drei erwachsenen Männer, die oft dort anzutreffen sind und irgendetwas mit der Mutter zu tun haben? Der Freund der 15-jährigen Tochter, die von einem Vorgänger ein Baby hat? Die Sozialarbeiterin, die irgendwie helfen soll? Oder die 10-jährige Tochter, die heute wieder den ganzen Nachmittag auf die 2-jährige Schwester aufpasst, weil die Mutter gerade vor dem Lidl steht und säuft?

Kein Wunder, dass sich viele Teenagermädchen, die wir kennen, ein eigenes Kind wünschen. Endlich jemand, der zu mir gehört, mit dem ich alles teilen kann. Doch wenn das Kind da ist, wird der Traum leicht zum Albtraum. Wer bin ich? Zu wem gehöre ich? Gibt es jemanden, der immer für mich da ist?

Gott ist der Einzige, der ihnen ihre Identität geben kann! Wenn sie zu niemandem gehören – sie sind doch seine Kinder! Wenn keiner da ist, auf den sie sich verlassen können – Jesus ist immer da und verschwindet nie! Wenn sie nicht mehr wissen, wen sie Vater nennen sollen – Gott will ihr Vater sein!

Früher hat man mir gesagt, ich dürfte solchen Kindern nicht sagen, dass Gott wie ein Vater ist! Das wäre schwierig, da die Kinder ja ein negatives Vaterbild erleben. Wir haben aber festgestellt: gerade das Wort Vater spricht sie an, denn das ist ihre Sehnsucht. Gut, man muss es erklären und bei Teenagern sollte man dann wirklich vorsichtiger sein, aber auch die Kinder, die schlimme

Erfahrungen gemacht haben, wissen, was ein guter Vater ist. Für mich drückt sich ihre Sehnsucht darin aus, dass das Lieblingslied vieler Kinder das Lied ist: „Vater, bei dir bin ich zu Hause."

_KÖRPER

„Ich habe 5,- € bekommen, damit ich mir was zu essen kaufen kann", berichtet mir der Junge mit Chips und Cola in der Hand. Wenn dies nur einmal im Monat vorkommen würde, wäre es ja okay, aber ich sehe, dass er und einige andere sich täglich so ernähren. Wenn dies alles wäre, dann würde es sich kaum lohnen, darüber zu schreiben.

Wir stellen aber vermehrt fest, dass viele Kinder nicht ausreichend versorgt werden. Ein Mädchen weinte, als sie einer Mitarbeiterin erzählte, dass die Anderen immer über ihre Schuhe lachen würden. Die Schuhe waren wirklich total kaputt. Als unsere Mitarbeiterin fragte: „Hast du denn keine anderen Schuhe?" antwortete das Mädchen: „Doch, Sandalen, aber da fehlt einer!" Die Mitarbeiterin zog mit dem Mädchen los und kaufte ihr ein Paar neue Schuhe. In der kommenden Woche gingen wir auch mit den drei Geschwistern einkaufen.

Manche Kinder leiden tatsächlich Hunger. Ein 10-jähriger Junge aß zu Mittag drei Scheiben Toastbrot ohne Belag. Die Mutter war seit einigen Wochen nicht mehr zu Hause gewesen und die zwei größeren jugendlichen Geschwister kümmerten sich nicht. Der Kühlschrank war leer. Ein Mädchen berichtete, dass sie zu Hause einige Tage lang nur trockenes Brot und sonst nichts zu essen hatten. Das Geld war alle. Bevor ich diese Arbeit begann, hätte ich mir nicht vorstellen können, so etwas mitten in Deutschland zu erleben.

_SEX

Immer wieder bekommen wir erzählt, welche 12- oder 13-jährige es wieder mit irgendeinem Jungen auf dem Schulklo getrieben hätte. Auch wenn man hofft, die Hälfte dieser Geschichten ins Reich der Märchen und Sagen verweisen zu können, wissen wir doch, dass vieles davon wahr sein muss. Was wird dieses Mädchen erst tun, wenn sie 18 Jahre alt ist? Sexualität als etwas Besonderes zu betrachten, womöglich noch als Geschenk für einen ganz besonderen Menschen, ist zum Teil völlig abhanden gekommen.

Besonders krass wird es dann, wenn mir eine Mutter freudestrahlend berichtet, dass sie jetzt schon Oma wird – denn ihre 15-jährige Tochter bekommt ein Baby. Was für uns problematisch erscheint, ist für die Oma ein freudiges Ereignis!

Wie viele Kinder sexuell misshandelt und geprügelt werden, das ist schwer zu sagen. Manchmal vermutet man etwas, aber hier herrscht das große Schweigen. Die seelischen Wunden, die sich daraus ergeben, sind gar nicht einzuschätzen.

Gerade auf dem Gebiet der Sexualität ist eine riesige Not zu verzeichnen. Es klingt immer alles so toll. Manche Teenies reden ja den ganzen Tag von nichts anderem. Aber zu viel ist kaputt gegangen. Viele Kindermitarbeiter halten es für undenkbar, über Sex zu reden, aber es muss sein. Wir versuchen, diese Themen im stoffi_KIDSCLUB aufzugreifen. Es ist natürlich ein bisschen schwierig, wenn auch 5-jährige dabei sitzen, den richtigen Ton zu treffen. Deshalb sind die Kleingruppen so wichtig, in denen wir dann vor allem mit den Mädchen über solche Dinge reden können.

Das Beste ist natürlich ein gelebtes Beispiel. Als eine unserer Mitarbeiterinnen heiratete, fuhr ich nach der Trauung einige Mädchen, um die 12 Jahre alt, wieder nach Hause. Da diese Mitarbeiterin die Kleingruppenleiterin dieser Mädchen ist, hatten sie auch über das Thema Sex geredet. Die Diskussionen im Auto nach der Trauung waren hochinteressant: „Die ist ja noch Jungfrau!" „Echt?" „Klar, manche wollen das so!" usw. Es geht nichts über ein herausforderndes persönliches Vorbild!

_SEELE

„Ist das nicht Gehirnwäsche, was ihr hier macht?", fragte mich ein atheistischer Lehrer, der unser Programm von weitem beobachtete und uns im Übrigen sehr wohlwollend gegenübersteht. Doch wir haben oft nur eine Stunde in der Woche, in der wir ihnen etwas von dem Leben erzählen können, das Gott uns geben will. Aber wie viele Stunden sitzen sie vor dem Fernseher?

Vor kurzem, als ich im stoffi_KIDSCLUB darüber redete, dass wir logischerweise nachts Angst bekommen, wenn wir die falschen Filme ansehen, da rief ein 9-jähriges Kind: „Ja, Scream 2!" Das ist ein Horrorfilm, der ab 16 zugelassen ist. Andere Kinder schauen sich die Sexvideos ihrer großen Geschwister oder der Eltern an.

Bei vielen Kindern sehe ich eine Leere und Antriebslosigkeit, die erschreckend ist. Sie hängen den ganzen Tag nur sinnlos herum. Eines Tages berichtete eine

Mitarbeiterin ganz begeistert, dass ein bestimmter Junge zum allerersten Mal etwas fertig gebastelt hätte. Dieser Junge kam seit über einem Jahr jede Woche einmal zu unserer Bastelwerkstatt, wo Kinder mit Holz arbeiten können oder auch das Fahrrad reparieren, und er hatte noch nie etwas Sinnvolles zustande gebracht. Er hatte vielleicht schon zwanzig Mal angefangen, aber nie ist irgendetwas dabei entstanden.

Natürlich gibt es für solche Kinder therapeutische Mittel, um ihnen zu helfen. Aber heilen, richtig ganz machen, das kann nur Gott. Für solche Kinder zu beten und zu glauben, das ist unsere Aufgabe.

_REGELN

Wieder einmal bemerke ich auf dem Schulhof, wie zwei Jungs sich prügeln und zwar ganz schön heftig. Ich greife nicht ständig ein, aber wenn einer wehrlos am Boden liegt, während sein Gegner rasend vor Zorn auf ihn einschlägt, fühle ich mich gezwungen einzuschreiten. Ich halte den Prügler fest, damit sein Gegner flüchten kann. „Fass mich nicht an, ich zeig dich an! Das ist Körperverletzung, du □□□□□□. Wenn du nicht sofort los lässt, geh ich zu den Bullen!"

Eine ganz normale Reaktion, die ich oft zu hören bekomme. Diese Jungs wissen ganz genau, was ich darf und was nicht. Sie dagegen machen, was sie wollen. Egal, ob in der Schule, daheim oder bei uns im stoffi_KIDSCLUB: keiner hat ihnen was zu sagen.

Woher kommt das? Sicher gibt es viele Ursachen. Oft liegt es z.B. an Vätern, die unberechenbar sind. Das eine Mal können sich die Kinder alles erlauben, dann wieder werden sie wegen einer Kleinigkeit grün und blau geprügelt. Andere Eltern sind überfordert oder einfach nicht anwesend.

Gut, jeder der Kinder hat, hat seine Probleme mit Regeln. Tatsache ist aber, dass immer mehr Kinder die normalen Spielregeln des Zusammenlebens nicht mehr kennen. Eine Lehrerin berichtete mir, dass sie immer Angst hat vor der 6. Klasse der Lernförderschule, in der sie unterrichtet. Wenn sie das Klassenzimmer der acht Kinder betritt, die sie dort unterrichten soll, wird sie öfters mit fliegenden Stühlen und Tischen empfangen. Keiner bemerkt es, wenn sie reinkommt; selbst wenn sie einschreiten will, geht das Chaos weiter und der gesamte Inhalt des Klassenzimmers fliegt durch die Luft.

Wir versuchen, bei dem, was wir im stoffi_KIDSCLUB und auch in unseren Treffpunkten tun, liebevoll, aber streng zu sein. Jeder muss wissen, es gibt bestimmte Grenzen. Wer die Grenzen übertritt, der wird bestraft. Der Bestrafte muss merken, dass er nicht persönlich geächtet wird, aber dass sein Handeln Konsequenzen hat. Wir sind uns im Klaren darüber, dass das, was wir tun können, zum einen fehlerbehaftet ist und zum anderen auch gar nicht ausreicht, um das Verhalten der Kinder zu verändern. Aber dies ist eines der Probleme, das unserem Staat noch viel Mühe bereiten wird.

_BILDUNG

„Was, du bist auf der Lernförderschule?" Ich spreche es nicht laut aus, aber oft genug denke ich es. Schon wieder ein Kind, ganz normal, intelligent, nur leider sehr unkonzentriert, antriebslos, undiszipliniert und dazu noch: Keinen Bock! Was will dieses Kind auf so einer Schule? Natürlich ist es keine Schande, ein Kind zu haben, das auf eine Förderschule gehen muss. Aber es ist eine Schande für uns alle, dass viele Kinder, die es überhaupt nicht nötig hätten, auf so einer Schule landen.

Deutschland hat ja nicht deswegen bei der Pisa-Studie so schlecht abgeschnitten, weil wir keine guten Schüler hätten. Das Problem ist, dass wir so viele Schlechte haben. Meiner Meinung nach sitzen in den Schulbänken unserer Förderschulen viele Kinder, die, wenn sie ein anderes Umfeld hätten, auf der Mittelschule oder sogar am Gymnasium wären. Bei vielen liegt es nicht an der Intelligenz, nur am Umfeld. Das Problem geht weiter: nach der 8. Klasse kommen Förderprogramme, wie das berufsvorbereitende Jahr (BVJ). Dort sind sie wieder mit vielen zusammen, die keinen Bock haben. Wer keine Leistung zeigt, bekommt natürlich keine guten Noten. Falls sie dann doch eine Lehrstelle finden, ist es nicht unwahrscheinlich, dass die Ausbildung abgebrochen wird, entweder weil es zu anstrengend ist oder der Ausbilder nicht mehr mitmacht. Dieser Teufelskreis setzt sich dann in der nächsten Generation fort.

Natürlich ist dies nicht Normalität. Es gibt genügend leistungswillige Jugendliche. Es gibt auch tolle Beispiele, wie sich Leute mit schlechten Startvoraussetzungen aufgerappelt haben und es beruflich zu etwas brachten. Aber es ist eine Tatsache, die von Industrie und Handwerk beklagt wird, dass inzwischen jeder fünfte bis zehnte Jugendliche nicht mehr ausbildungsfähig ist, also einfach nicht in der Lage, ausgebildet zu werden.[2]

Jemand zu haben, der trotzdem zu ihnen steht, ist gerade für Kinder von Förderschulen ganz wichtig. Manche haben noch nie erlebt, dass ihnen jemand etwas zutraut. „Du schaffst das eh nicht!", haben sie vielleicht schon oft gehört.

[2] **Hahne, Peter**: Schluss mit lustig – Das Ende der Spaßgesellschaft, Johannis Verlag Lahr, 2004: „[...] Andererseits können gerade Unternehmen mit beliebten Lehrstellen diese nicht besetzen. Von 2000 Bewerbern für 60 Plätze bei der Berliner Volksbank waren im April 2004 nur 40 für die Bankerlehre geeignet."

Sie brauchen jemand, der sagt: „Du bist wertvoll", „Du bist etwas ganz besonderes" und „Du schaffst das!" Und wenn sie es doch nicht schaffen, braucht es Freunde, die sagen: „Ich mag dich trotzdem!", „Du bist wertvoll, weil du ein Geschöpf Gottes bist. Egal wie dein Zeugnis aussieht!"

_MEHRERE PERSÖNLICHKEITEN

Wie kam es dazu, dass der Mann im Gesprächskreis an einem Tag sagt: „Ich stehe dem Christentum skeptisch gegenüber", und vier Wochen später so redet, als wäre er seit Jahren streng gläubig? Ganz einfach: vier Wochen vorher war eine skeptische Stimmung. Jeder drückte seine vorsichtige Haltung gegenüber allem Religiösem aus, während einen Monat später die Stimmung gegenüber dem Christentum viel positiver war.

Natürlich lebten wir schon immer in verschiedenen Rollen. Der Auszubildende war daheim Sohn, im Fußballverein Rechtsaußen und vielleicht noch Verlobter. Was sich heute aber abspielt hat eine ganz andere Dimension. Der gute Ehemann und Mitglied eines Kirchenvorstands ist auf Arbeit auf einmal das Schwein, der seine Kollegen und Kontrahenten niedermacht. Daheim gilt das Gebot der Nächstenliebe, im Beruf das Recht des Stärkeren.

Das, was man früher als Integrität bezeichnete, scheint immer mehr verloren zu gehen, denn Integrität bezeichnet eine Lebensweise, bei der alle Lebensbereiche in einem harmonischen Einklang stehen.

Gerade die Kinder stehen in der Versuchung, mit mehreren Identitäten zu leben. Wie der Schauspieler, der am gleichen Abend im ZDF den Sheriff, auf RTL den Bösewicht und auf Pro7 den Liebhaber spielt, wechseln sie im Nu von einer Werteskala zur Nächsten. Was in der Schule richtig und gut ist, zählt daheim überhaupt nicht. Auf dem Schulhof gelten andere Maßstäbe als im stoffi_KIDSCLUB. Wenn wir nun den Kindern sagen: „Du sollst nicht lügen!", dann wissen sie: Dies ist die richtige Antwort, zumindest im stoffi_KIDSCLUB. Zuhause heißt die Antwort anders. Dort lautet die Regel vielleicht: Du sollst dich nicht erwischen lassen!

Wir haben mit Kindern zu tun, die die Wertmaßstäbe wechseln wie das Chamäleon die Farbe. Deshalb ist die Übertragung ins Leben so wichtig. Wir müssen sagen: und so sieht das Prinzip zu Hause aus, in der Schule, auf dem Fußballplatz usw. Unser Ziel muss sein, dass die Kinder zu integren Persönlichkeiten werden, bei denen die Wertmaßstäbe in allen Lebensbereichen identisch sind.

_OKKULTISMUS

Wie gehen wir bloß mit Yu-Gi-Yo oder anderen Magic Karten um? Dürfen Kinder in unseren Räumen mit diesen Karten spielen oder nicht? Auf der einen Seite wollen wir sie annehmen und nicht wegen irgendwelchen Nebensächlichkeiten auf die Straße schicken, auf der anderen Seite stellen wir uns die Frage: Ist das eine Nebensächlichkeit? Das sind Fragen, die sich die Mitarbeiter in unseren Treffpunkten stellen.

Jeder mir bekannte Christ, der diese Karten zum ersten Mal anschaute, war schockiert über die Bilder und Beschreibungen, die sich darauf befinden. Fast genauso schockierend ist, dass viele Kinder Dutzende und zum Teil Hunderte dieser unverschämt teuren Karten besitzen.

Ich bin inzwischen dazu übergegangen, wann immer sich mir die Gelegenheit bietet, anhand der Yu-Gi-Yo- Karten kleine „Okkultismusvorlesungen" zu halten. Dämonen, Satan, Voodoo-Zauber, alles was es gibt, kann man erklären. Ich hoffe bloß immer, dass ich in meinen Ausführungen abschreckend genug wirke und sie nicht noch motiviere, sich weiter für diese Dinge zu interessieren.

Erschreckend auch, dass sich alles noch zu steigern scheint. Vor einiger Zeit haben wir uns über Pokémon-Karten aufgeregt. Verglichen mit Yu-Gi-Yoh scheint das gar nichts zu sein. Womöglich gibt es, wenn dieses Buch erscheint, schon wieder etwas Neues und Heftigeres auf diesem Gebiet. Auf jeden Fall lehrt es uns, dass die Zeit des radikalen Atheismus vorbei ist. Die Köpfe unserer Kinder sind voll von Übernatürlichem, Hexen und Zauberer aller Art sind „in". Was ich dazu noch für sehr gefährlich halte: Früher waren die Hexen die bösen, hässlichen, feindlich gesinnten Wesen, gegen die man kämpfen musste. Heutzutage sind Hexen und Zauberer liebenswürdig, nachahmenswert oder sogar sexy.

Die Chance, die sich uns dabei bietet, ist natürlich, dass wir daran anknüpfen können. Eigentlich handelt es sich hier ja um Themen, die ja geradezu zu den Kernkompetenzen von uns Christen gehören. Wenn wir das Übernatürliche unseres Glaubens selbst wieder entdecken und an die Kinder weitergeben, haben wir hier eine gute Einstiegsmöglichkeit.

Manchmal, wenn ich mir die Kinder und ihre Nöte vor Augen stelle, frage ich mich: Haben wir überhaupt eine reelle Chance? Machen wir uns was vor, wenn wir denken, wir könnten was verändern? Da sind so viele Einflüsse, die viel stärker sind als wir, so viele negative Erfahrungen, die schon gemacht wurden.

Aber dann wird mir wieder bewusst: Jesus ist genau für diese Menschen gekommen.
Er sagte: „Mit mir ist der Geist des Herrn, weil er mich berufen hat. Er hat mich beauftragt, den Armen die frohe Botschaft zu bringen. Den Gefangenen soll ich die Freiheit verkünden, den Blinden sagen, dass sie sehen werden, und den Unterdrückten, dass sie bald von jeder Gewalt befreit sein sollen. Jetzt erlässt Gott alle Schuld." (Lukas 4, 18-19)

Mit uns ist derselbe Heilige Geist, der uns auch berufen hat. Auch wir sind seine Beauftragten. Auch wir können erleben, wie Gott seine Kinder in die Freiheit führt!

5

Wie sag ich's meinem Kinde? - Kommunikation

Wenn wir in die Öffentlichkeit gehen und z.B. Kinderprogramme in einem Park mit vielen Menschen aufführen, dann entwickeln wir auf einmal ein ganz neues Bewusstsein für Qualität. Dort ist nicht mehr egal, ob man gut vorbereitet ist oder nicht. Denn wenn es den Kindern nicht gefällt, kommen sie eben nicht mehr. Da es vielen Eltern egal ist, erfahren wir von dieser Seite auch oft keine Unterstützung Also gibt man sich automatisch viel mehr Mühe. Außerdem wird man kritischer und fragt sich zum Beispiel: wie werden die Eltern darauf reagieren, wenn wir dies oder jenes sagen? Das bedeutet nicht, dass wir unseren Glauben verbergen wollen. Wir wollen ihn aber auf eine gute und faire Art und Weise darstellen. Wenn wir wegen dem Inhalt unseres Glaubens Probleme bekommen, dann ist das okay; wenn wir aber wegen der Art und Weise Probleme haben, wie wir ihn präsentieren, dann ist etwas falsch gelaufen.

Aber wie können wir die Kinder von heute mit dem Evangelium erreichen? Wie kapieren sie überhaupt, was wir sagen wollen?

Als wir diese Arbeit begannen, beschäftigten wir uns sehr stark mit diesem Thema, denn viele der Methoden, mit denen mir der christliche Glaube vermittelt wurde, schienen mir nicht mehr angebracht. Die Frage war: Wie können wir Kinder dazu bewegen, zu uns zu kommen, wenn sie sich als Alternative nur vor den Fernseher zu setzen brauchen?

So haben wir uns Gedanken gemacht, bei anderen gelernt und nach und nach unser Programm entwickelt.

HIER EIN PAAR WICHTIGE ASPEKTE:

_NUR EINE AUSSAGE

Früher hörten wir im Kindergottesdienst eine Bibelgeschichte, lernten dazu einen Bibelvers auswendig und hörten danach noch eine Missionsgeschichte, die inhaltlich überhaupt nicht dazupasste. Das ging damals auch. Heute ist es

sinnvoller, immer wieder dasselbe zu sagen.
Die Kinder sind es gewöhnt, oft dasselbe zu hören. In der Schule wird das praktiziert, aber vor allem in der Werbung. Es erstaunt mich immer wieder, wie oft einem derselbe Werbespot im Fernsehen präsentiert wird. Deshalb nehmen wir oft gar nicht mehr auf, was nur einmal erwähnt wird, denn das Wichtige wird anscheinend ständig wiederholt. Deshalb müssen auch wir wiederholen, was wichtig ist.

_VISUELL

Früher hörte man Nachrichten und Musik im Radio. Aber heute haben wir das Fernsehen. Warum da eigentlich noch Radio? In manchen Haushalten, die ich besuche, läuft immer der Fernseher. Ich kann kommen, wann ich will. Es gibt sogar Familien, da laufen immer zwei Fernseher: im Wohnzimmer und im Kinderzimmer, zusätzlich manchmal noch im Schlafzimmer. Deshalb haben wir die Regel: Wenn wir etwas sagen, muss auch was zu sehen sein. Selbst bei Erwachsenen habe ich das bemerkt: wann immer ich eine Predigt gehalten habe und mit Gegenständen illustrierte, erinnern sich die Leute oft noch lange Zeit danach daran. Bei Kindern ist es genauso.

_SCHNELL

Versuchen Sie mal, die Bildschnitte eines Musikvideos pro Minute zu zählen. Es ist unglaublich, wie oft da geschnitten wird. Deshalb achten wir sehr darauf, dass die Übergänge zwischen den Programmteilen ohne jegliche Unterbrechung erfolgen. Wenn der Eine fertig ist, steht der nächste schon da und redet. Jede Unsicherheit und jede planlose Pause lenkt die Kinder ab und birgt die Gefahr, ihre Aufmerksamkeit zu verlieren.

_UNSER VORTEIL: PERSÖNLICH

Gegenüber dem Fernseher haben wir einen großen Vorteil: Wir sind reale Menschen, die tatsächlich anwesend sind. Deshalb ist dies das Wichtigste: Wir müssen den Kindern zeigen, dass wir sie mögen und gerne mit ihnen zusammen sind. Kinder werden durch ein gutes Programm angezogen - bleiben werden sie aber nur, wenn wir eine Beziehung zu ihnen haben.

Der berühmte Chinamissionar Hudson Taylor mit seiner Mutter
Theater kommt fast immer gut an

6 Da sind wir wieder – Einladen

„Ach ja, der Pfarrer kommt wieder!" Mit diesen Worten empfing mich der Hausherr. Die 17-jährige Freundin der ältesten Tochter starrte mich mit großen Augen an und flüsterte quer über den Tisch: „Das soll ein Pfarrer sein?" Ich habe tatsächlich ein Jahr Pastorenvertretung in einer Evangelischen Freikirche gemacht, so dass die Aussage durchaus richtig war. Das Mädchen schaute mich an und versuchte gerade ihr Weltbild zu sortieren. Währenddessen redete ich mit den Leuten dort über Musikvideos oder neuestes Computerzubehör (Das tat ich mit Vergnügen, um ihr Weltbild noch mehr zu verwirren). Nach einiger Zeit flüsterte sie noch einmal: „Das ist doch kein Pfarrer!" Worauf ich sie fragte, wie sie sich eigentlich einen Pfarrer vorstellen würde. Sie erzählte irgendetwas von einem schwarzen Umhang mit weißem Kragen, dass der immer ein bisschen komisch spricht und..., irgendwie wollte sie wahrscheinlich sagen: weltfremd. Daraufhin konnten wir ein kurzes aber interessantes Gespräch über echtes Christsein führen.

Dies ist natürlich nicht die spannendste Episode meiner Einladetouren, aber ein gutes Beispiel, was so alles passieren kann. Im Stadtteil Pieschen, wo ich jeden Freitag mit dem Fahrrad unterwegs bin, laden wir mit vier Mitarbeitern gemeinsam jede Woche ca. 200 Kinder ein.

Das System funktioniert folgendermaßen:
Jede Woche werfen die meisten Kinder, die unser Programm besucht haben, einen Anwesenheitszettel mit Name, Straße und Hausnummer in unseren „Briefkasten". Dies ist ein Rucksack im Briefkasten-Design. Ein Mitarbeiter von uns, der normalerweise nicht einladen geht, wertet jede Woche die Anwesenheitszettel vom stoffi_KIDSCLUB aus. Er erstellt eine sinnvolle Route, damit alle Kinder besucht werden. Wenn am Samstagvormittag ein neues Kind gekommen ist, sortiert er das Kind an der passenden Stelle in der Route ein.

Falls etwas für das Einladen eines Kindes vorliegt, meldet dies der Mitarbeiter, der die Einladetour fährt. Wir schreiben drauf, wo man klingeln muss, falls es nicht ersichtlich ist. Kinder, die nicht eingeladen werden wollen, müssen wieder gestrichen werden und Umzüge sollten natürlich auch gemeldet werden. Derselbe Mitarbeiter, der die Einladeroute plant, erstellt auch jede Woche kleine farbige Einladungen, sechs Stück auf einem A4-Blatt. Sie haben immer dasselbe Grunddesign, so dass auch hier ein Wiedererkennungseffekt gegeben ist. Natürlich bleiben Daten, wie Ort und Zeit auch immer gleich, sowie (wichtig!) Veranstalter mit Info-Telefonnummer, Adresse und Internetadresse. Jede Woche neu ist das möglichst ansprechende Thema des nächsten stoffi_KIDSCLUBs, sowie Werbung für andere Veranstaltungen und besondere Highlights.

Zusätzlich sollte sich der Einladende auch mit allgemeinen Einladungen vom stoffwechsel bewaffnen, die er Kindern, die er unterwegs trifft, in die Hand drücken kann. Auf diese Weise haben wir schon einige neue Kinder gewonnen. (Beispiele dazu finden Sie im Anhang)

Wir klingeln bei jedem Kind und laden es ein. Wenn ich mit einem Elternteil an der Gegensprechanlage rede, lautet mein erster Satz oft ungefähr folgendermaßen: „Hallo, hier ist Norbert vom Kidsclub. Ich möchte wieder ... zu unserem Kinderprogramm einladen, das morgen wie gewohnt in der Schulsporthalle stattfindet."

Wer seinen Namen nicht nennt, hat etwas zu verbergen, deshalb sagen wir bewusst unseren Namen. Außerdem sollte man sofort sagen, weswegen man gekommen ist bzw. wozu man einladen will. Manchmal sind die Kinder nicht zuhause und die Einladungen werden einfach in den Briefkasten gesteckt. Oder wir werden über die Sprechanlage aufgefordert, sie in den Briefkasten zu stecken. Bei anderen gehen wir nach oben und sprechen an der Haustür, manche kommen runter und bei manchen können wir in die Wohnung gehen.

Diese Einladetouren stehen und fallen mit der Motivation des Mitarbeiters, der die Kinder besucht. Man kann versuchen, so schnell wie möglich seine Runde hinter sich zu bringen oder man kann betend und mit dem Wunsch, ein Segen zu sein, unterwegs sein. Das ist ein riesiger Unterschied und jede Woche wieder spannend. Man weiß nie, was passiert. Man kann rausgeschmissen werden, auf Gleichgültigkeit stoßen, aber auch tolle Gespräche führen oder sogar mit jemandem beten, der Hilfe braucht.

Manche Leute wissen nicht genau, was sie mit uns anfangen sollen, wenn wir das dritte oder vierte Mal geklingelt haben. Sie finden es ziemlich seltsam, dass wir wie die Hausierer rumgehen. Aber wenn man fünf Jahre lang immer bei derselben Familie auftaucht, entwickeln sich manche Beziehungen. Es ist sogar so, dass wir einige Familien immer noch besuchen, obwohl die Kinder seit Jahren nicht mehr zum Kidsclub kommen. Da wir aber oft so gute Gespräche haben, behalten wir es einfach bei. Ein Mädchen bat mich um eine Bibel, obwohl sie bestimmt schon ein Jahr nicht mehr in einer unserer Veranstaltungen aufgetaucht war. Ich weiß bis heute nicht, was der Auslöser dafür war. Oft kann man auf ganz unkomplizierte Weise, im wahrsten Sinn des Wortes zwischen

Tür und Angel, Gespräche führen, die im Rahmen des Kidsclubs nicht möglich sind. Wir wollen die Familien nicht ausspionieren und sind ja auch nicht das Jugendamt, aber manchmal fällt uns bei diesen Situationen eine Not auf, in der wir helfen sollten.

Eine Mitarbeiterin fuhr im letzten Jahr nicht mehr auf unserer Einladetour mit, weil sie stattdessen jede Woche eine bestimmte Familie, die es nötig hatte, besuchte. Auch diese Besuche waren ein Ergebnis unserer Einladetouren.

Noch ein Tipp: Männern, die einladen, wird am meisten Misstrauen entgegengebracht. Mütter dagegen, die eine Strecke mit dem Kinderwagen übernehmen, sind die effektivsten Einlader, da wir an der Haustüre oft mit den Müttern der Kindern zu tun haben. Da entstehen logischerweise viel schneller gute und vertrauensvolle Beziehungen.

7 Eine starke Truppe - Teamarbeit

Zu Anfang waren wir ein kleines Team, das Woche für Woche diese Programme vorbereitete. Jeden Sonntagabend trafen wir uns für drei bis vier Stunden zur Vorbereitung. Wir besprachen alles miteinander und bereiteten alles gemeinsam vor. Dies war harte Arbeit und nur durch den Enthusiasmus jedes Einzelnen möglich. Dazu kamen ja noch viele Vorbereitungen unter der Woche, sowie die Einladetouren.

Mittlerweile entwickeln wir uns dahin, dass wir verschiedene Teams haben: eines, das die eigentlichen „Showprogramme" vorbereitet und durchführt, und weitere Teams, die für ihren Stadtteil zuständig sind. Wir haben also ein „Programmteam" und beliebig viele „Stadtteilteams". Ich bin zum Beispiel im „Programmteam" und im „Stadteilteam Pieschen" (das kann ich, weil ich hauptamtlich diese Arbeit tue).

Meine Verantwortung als Projektleiter vom stoffi_KIDSCLUB liegt darin, die Schwerpunkte zu setzen, mit vorzubereiten, sowie mich um das Wohlergehen der Teammitglieder zu kümmern. Außerdem schreibe ich die meisten Theaterstücke und Kinderlieder, die wir einsetzen und bin verantwortlich für die Kinderproduktionen im Tonstudio.

Was uns für jedes Team wichtig wurde, möchte ich anhand des „Stadtteilteams Pieschen" illustrieren:

_GEMEINSCHAFT

Wenn man so eine Arbeit macht, ist man immer damit beschäftigt zu planen und sich über die Probleme anderer zu unterhalten, aber es findet keine geistliche Gemeinschaft statt. Wenn man betet, dann betet man für die Probleme der Arbeit, aber untereinander gibt es wenig Beziehung.

Aus diesem Grund haben wir in dem „Stadtteilteam Pieschen" einen Hauskreis gegründet, zu dem alle kommen können, die ein spezielles Anliegen für diesen Stadtteil haben und in irgendeiner Form mitarbeiten. Es geht darin aber hauptsächlich um geistliche Gemeinschaft untereinander, weniger um die Arbeit. Der Schwerpunkt liegt mehr auf dem persönlichen Erzählen sowie der gemeinsamen Anbetung und der Fürbitte. Schließlich wollen wir eine Gemeinschaft sein und nicht nur eine Arbeitsgruppe. Was uns wirklich wichtig geworden ist, ist die Einigkeit als Team. Wenn diese fehlt, fließt kein Segen, die Motivation schwindet und man reibt sich ohne Erfolg auf.

_UNTERSTÜTZUNG DER GEMEINDEN DES STADTTEILS

Wenn sich ein Mitglied einer Gemeinde auf diese Weise im Stadtteil engagieren möchte, sollte dies logischerweise auf das Wohlwollen der Gemeindeverantwortlichen stoßen. Leider kann es auch da immer wieder zu Missverständnissen kommen, die, wenn irgend möglich, ausgeräumt werden müssen. Hauptproblem ist oft, dass manche Gemeindemitglieder nicht die Sicht dafür haben, dass eine Veranstaltung nicht in Gemeinderäumen stattfindet („Warum soviel Geld für Miete ausgeben?"), oder nicht nur von der eigenen Gemeinde veranstaltet wird („Werden die Menschen dann auch zu uns in die Gemeinde kommen?").

Für uns ist ein entscheidender Punkt, dass die Gemeindeleitung hinter den einzelnen Mitarbeitern steht und sie unterstützt. Wir sind nicht ein zusätzlicher Dienst, sondern hier wird im Namen und im Interesse der Ortsgemeinde gedient. Wir möchten Menschen, die Interesse am Glauben haben, in den Gemeinden integrieren. Dies geschieht natürlich am Besten, indem man sie in „seine" eigene Gemeinde mitnimmt.

Ganz toll ist für uns, wenn Eltern, die Christen sind, einfach mitkommen und Kontakte zu anderen Eltern knüpfen. Gute Möglichkeiten sind auch unsere regelmäßigen Feste im Sommer und Winter, bei denen wir die Leute ermutigen, miteinander ins Gespräch zu kommen.

_MITARBEITER GEWINNEN UND FÖRDERN

Wie geht man mit den Mitarbeitern um? Einige haben mehr zeitliche Kapazitäten als andere. Manche wollen ausschließlich für die Arbeit beten, andere nur zeitlich begrenzte Sonderaktionen mitmachen. Das ist ganz normal und sollte in jedem Umfang wirklich geschätzt werden. Wichtig ist das Aussprechen der Erwartungen, damit jeder weiß, woran er ist.

Die verbindlichsten Mitarbeiter bei uns sind die, die Mitglieder des Hauskreises sind und regelmäßig einen Dienst wahrnehmen. Das sind die Säulen der Arbeit. Daneben gibt es viele, die uns hin und wieder unterstützen und für uns beten.

Ein entscheidendes Thema in der Kinderarbeit sind Männer. Wo man hinschaut: Frauen! Viele Kinder sind fast nur von Frauen umgeben. Daheim wohnt man oft nur bei der Mutter, die Erzieher im Kindergarten und Hort sind fast nur Frauen, Lehrer – vor allem in der Grundschule – sind überwiegend Frauen und in der kirchlichen Kinderarbeit findet man dasselbe Bild.
Männer müssen meistens persönlich angesprochen werden. Ein Aufruf: „Wer könnte denn helfen?“ hat meistens zur Folge, dass sich Frauen melden.

Wir müssen immer wieder herausstellen, wie wichtig es ist, dass Kinder auch mit Männern zu tun haben. Kinder brauchen die Einflüsse beider Geschlechter. Männer gehen anders mit Kindern um, sie haben andere Ideen und Ansätze.

Ich erlebe fast täglich, wie bestimmte Kinder sich automatisch zu mir hingezogen fühlen, einfach deshalb, weil ich ein Mann bin. Sie sehnen sich nach jemandem, der den männlichen Part in ihrem Leben ausfüllt. Wenn unsere Arbeit gut gemacht ist und Männer die Freiheit haben, sich einzubringen, dann werden sie auch entdecken, wie erfüllend die Arbeit mit Kindern sein kann.

Spannend wird es mit Kindern aus dem Kidsclub, die älter werden und mitarbeiten wollen. Wir haben einige gläubige Jugendliche, die jede Woche eine verantwortliche Aufgabe übertragen bekommen haben. Als sie langsam Teenager wurden, fragten wir sie als Mitarbeiter an. Sie sind jede Woche treu dabei und tun ihren Dienst mit Hingabe. Wir wollen sie langsam zur Mitarbeit heranführen, aber ohne ihnen Druck zu machen. Zuerst bekommen sie eine einfache Aufgabe. Wenn das gut klappt, etwas anderes und so weiter. Manche hatten keine Lust mehr und sind abgesprungen, andere sind weiterhin dabei.

Zusätzlich gibt es noch Jugendliche, die mitarbeiten, aber keine Christen sind. Sie machen ihre Arbeit zuverlässig und wir sind zufrieden mit ihnen. Ein Grundsatz dabei ist aber, dass sie nicht im Bühnenbereich stehen und nichts mit der Verkündigung zu tun haben, sowie nicht auf irgendeine Art und Weise gegen uns agieren.

_ARBEITSBESPRECHUNGEN

Die Leute aus dem „Stadtteilteam Pieschen“, die fest im Hauskreis sind und regelmäßig mitarbeiten, treffen sich alle zwei Wochen zu einer ca. zweistündigen Besprechung. Dabei sprechen wir über die kommenden Programme, die Kinder, die Probleme in der Arbeit und beten speziell für unsere Aufgabenfelder. Wichtig ist, dass die Probleme, die es gibt, offen angesprochen werden. Solche Runden sind notwendig, damit nicht aus Kleinigkeiten riesige Probleme werden.

_LEITUNG

Der Leiter muss die Vision für den Stadtteil immer wieder im Team neu entfachen. Die vielen Schwierigkeiten, denen man auf dem Weg begegnet, verleiten einen leicht dazu, das große Ziel aus den Augen zu verlieren: „Wir wollen, dass sich dieser Stadtteil verändert!" Der Leiter muss jemand sein, der den Glauben vermitteln kann, dass Gott größer ist als die Probleme.

Manchmal ist es gut, zwei Leitertypen zu haben: einer, der mehr auf die Vision fixiert ist und jemand, der ein besonderes Auge auf die Harmonie im Team hat.

Eine starke Truppe
Unser Team in den ersten Jahren

8 Und wie geht es weiter? – Entwicklung

Als Jesus das Volk sah, jammerte es ihn, denn sie waren verschmachtet und verstreut wie Schafe, die keinen Hirten haben. (Matthäus. 9, 36)

Wenn wir diese Einstellung von Jesus haben, diesen Blick auf die Verlorenheit und Nöte der Menschen um uns herum, dann können wir nicht dabei stehen bleiben, nur ein Programm durchzuführen. Wir werden immer wieder auf Nöte stoßen, bei denen wir sagen: Hier muss etwas geschehen! Nachdem wir Kontakt zu so vielen Kindern haben, muss es einfach weitergehen. Wir haben überlegt: „Was brauchen wir noch im Viertel?" Aus diesem Grund haben wir z.B. begonnen, Hausaufgabenhilfen zu organisieren oder eine feste Gruppe für Mädchen, die Christen geworden sind, aber langsam aus dem Kidsclub-Alter herauswachsen.

Dann liegt uns noch die Vernetzung zu lokalen Gemeinden auf dem Herzen. Zum Beispiel würden wir gerne zusammen mit Mitarbeitern und Kindern aus verschiedenen Gemeinden Ausflüge und andere Aktionen durchführen. Wir führen in größeren Abständen Aktionen wie Wanderungen oder Besuche auf einem Pferdehof durch. So etwas stärkt die Beziehungen untereinander und ist für manche Kinder, die so etwas nicht gewohnt sind, eine ganz starke Erfahrung.

Wir konnten auch schon spezielle Veranstaltungen für Eltern durchführen, ein Elternfrühstück oder eine Art Hauskreis, aber so ganz das Richtige haben wir hier noch nicht gefunden. Allerdings freuen wir uns darüber, dass vereinzelt Eltern Anschluss in Gemeinden gefunden haben.

Wir sind begeistert darüber, bald Räume zu haben, in denen einiges von dem geschehen kann, was wir uns erträumen. Jahrelang beteten wir als „Stadtteilteam Pieschen" für ein Ladenlokal, das wir mieten könnten, um weitere Angebote für Kinder und auch Erwachsene zu machen. Dann wurde unser Wunsch übererfüllt: Wie bereits erwähnt konnten wir als stoffwechsel e.V. im Herbst 2003 eine ehemalige Tischlerei kaufen, die wir zurzeit zu einem Stadtteilzentrum mit Treffpunkt und Kreativwerkstatt für Kinder und Jugendliche umbauen.

Doch auch jetzt schon sind wir regelmäßig im Stadtteil. Ein Teil des Teams öffnet unseren stoffi_TREFF mit verschiedenen kreativen Angeboten etc. (wir konnten dafür vorübergehend einen ehemaligen Laden anmieten) und ich spiele mit den Jungs Fußball auf dem Sportplatz der Grundschule, wo unser Kidsclub jede Woche stattfindet. Dies ist für mich immer eine spannende Zeit. Man weiß nie, was als nächstes passiert. Manchmal wird man von denselben Jugendlichen in einer Woche übel beschimpft, mit denen man die Woche darauf tiefgreifende Gespräche über Glaubensfragen führen kann.

Das sind nur Beispiele, was bei uns im Moment passiert. Wir möchten damit sagen: Bleiben Sie nicht stehen, sondern gehen Sie weiter, so wie es bei Ihnen vor Ort sinnvoll ist. Der Kidsclub ist erst der Anfang.

Meiner Meinung nach könnte der Kidsclub auch eine gute Methode für Gemeindegründung in einem neuen Stadtviertel sein. Gerade wenn man mit einer kleinen Gruppe einer schon bestehenden Gemeinde in der weiteren Umgebung eine Zweiggemeinde aufbauen möchte, ist dies ein interessanter Weg. Man beginnt mit einem Kinderprogramm und nach einigen Jahren bietet man dann Gottesdienste für die Eltern der Kinder an. Auf diese Weise dauert es natürlich länger, um einen Erwachsenen-Gottesdienst zu initiieren, aber es hat unbestreitbare Vorteile. Neue Gemeinden, vor allem Freikirchen, werden schnell als Sekte verschrien und beargwöhnt. Von außen betrachtet treten sie heimlich, still und leise auf, um hier oder dort jemanden zu finden, den sie zu ihren Treffen bringen können.

Hier ist der Ansatz anders: natürlich wird auch so eine Kinderveranstaltung zuerst kritisch geprüft werden, aber nach einiger Zeit sieht jeder, dass hier etwas geschieht, das dem Stadtteil nützt. Jemand, der sich kümmert, ist immer gerne gesehen. Das sind nicht Menschen, die nur die Seele wollen, sondern vertrauenswürdige Mitbürger. Und das ist ja der Ansatz: Wir wollen nicht einzelne Menschen in unsere Fänge bekommen, sondern ein Segen für den Stadtteil sein. Das entspannt alle Beteiligten, auch uns! Es geht uns nicht um das Bekehren, sondern darum, die segnende Liebe Gottes in den Stadtteil zu bringen. Natürlich, der größte Segen für einen Menschen ist die Beziehung zu seinem Schöpfer, aber das ist nur ein Aspekt der ganzen Sache.

Seien Sie kreativ darin, Ihren eigenen Weg zu finden, mit Ihren Gaben und dem, wie Gott Sie persönlich führt. Wer die Menschen liebt und auf Gottes Stimme hört, der wird auch seinen Weg finden.

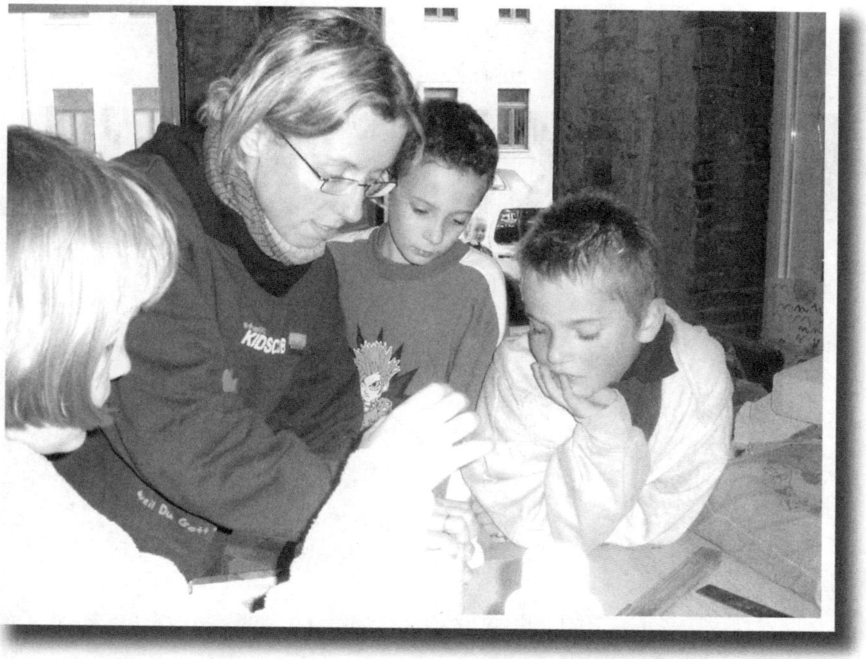

So geht das!
Dana Reim in unserer wöchentlichen Kreativwerkstatt

PRAXISTEIL

9

Was sollte ich mir vorher überlegen?

Vielleicht lesen Sie dieses Buch, weil Sie demnächst eine evangelistische Arbeit für Kinder beginnen möchten. Hier sind ein paar Vorüberlegungen. Neben dem wichtigsten Thema, nämlich dem Team, das weiter hinten behandelt wird, geht es zuerst um den Ort.

_Ort

Wenn ich weiß, welches Viertel ich erreichen möchte, dann frage ich mich: „Wo ist ein zentraler Ort, an dem sich viele Kinder aufhalten?" In den Sommermonaten ist ein Open-Air-Platz grundsätzlich zu empfehlen, auch wenn es mal zu einem Ausfall wegen schlechtem Wetter kommen kann. Super ist natürlich, wenn man bei Regen einen Ausweichraum in der Nähe hat.

Vorzuziehen sind immer Plätze, an denen viele Kinder vorbeikommen, vorausgesetzt, dort gibt es eine Ecke, in der man ungestört sein Programm machen kann. Dies kann ein Park sein, ein Spielplatz, der Schulhof (am besten der Grundschule), eine freie Fläche beim Einkaufszentrum oder Wochenmarkt usw.

Wenn Sie beim ersten Mal nicht gleich die Genehmigung bekommen, bohren Sie nach. Beim Versuch, eine Erlaubnis für einen Park zu bekommen, wurde ich vom Liegenschaftsamt zum Bundesvermögensamt, weiter zum Grünflächenamt und wieder zurück zum Liegenschaftsamt vermittelt, bevor ich auf die Idee kam, beim Marktamt anzurufen. Dort ging alles ganz unkompliziert und wir bekamen die Genehmigung. Das alles dauerte zwar eine Woche, aber mit viel Gebet und den freundlichen Herren vom Marktamt bekamen wir den Platz doch noch.

Unsere Open-Air-Saison geht nach den Osterferien los und endet kurz vor den Herbstferien (Mitte Oktober). Dies ist allerdings sehr abhängig von den örtlichen Gegebenheiten. Bei der Veranstaltung, die jeden Samstagmorgen um 10 Uhr entweder in der Schulsporthalle oder gleich daneben auf dem Schulhof stattfindet, sind wir sehr oft im Gebäude. Erstens ist es morgens oft noch recht kühl und zweitens sind dort nicht viele Kinder auf der Straße. Die Kinder, die kommen, kommen gezielt zu uns und ihnen ist es egal, ob wir drinnen oder draußen sind.

Bei der Veranstaltung im Park kommen 50-100 Kinder und dazu noch viele Eltern, wenn wir stattdessen in der Schulaula sind, oft nur 15-30 Kinder. Die Aula ist 300 Meter vom Park entfernt und es ist schwierig, die Kinder in das Schulgebäude einzuladen. Im Winterhalbjahr benutzen wir eine Schulaula oder (noch besser, weil man dort besser spielen kann) eine Schulsporthalle. Das sind Orte, die die Kinder kennen und wo sie sich heimisch fühlen.

_BÜHNE

In geschlossenen Räumen stellen wir immer eine ca. 5m breite Puppenbühne als Hintergrund auf. Openair benutzen wir unseren umgebauten Marktanhänger, den stoffi_HÄNGER. So etwas besitzt natürlich nicht jeder, vor allem nicht zu Beginn. Die Heilsarmee in Chemnitz benutzt einen umgebauten Robur (DDR-LKW), für den Anfang tut es aber auch eine Puppenbühne als Rückwand für das Programm.

Es ist auf alle Fälle sinnvoll, irgendetwas hinter sich stehen zu haben, dann werden die Kinder nicht so leicht abgelenkt, das ist besonders im Freien der Fall, wenn dahinter noch allerhand andere Aktivitäten stattfinden. Außerdem ist eine attraktiv gestaltete Bühne immer ein Blickfang. Wenn man darüber hinaus für ein Theaterstück oder andere Programmelemente Requisiten benötigt, kann man diese auch schon so hinstellen, dass sie Neugierde erwecken. Das hat einen zusätzlichen Reiz, vor allem auch deswegen, weil nicht jede Woche die gleiche Silhouette/Szene zu sehen ist und die Kinder deshalb gespannt sind, was passieren wird.

Falls eine Puppenbühne benutzt wird, ist es immer ideal, dahinter noch eine Begrenzung zu haben, wie zum Beispiel eine Hecke oder Mauer. Wenn keine Begrenzung vorhanden ist, muss man gut aufpassen, weil sonst die Kinder versuchen, von hinten rein zu schauen.

In einer Halle oder Aula stellen wir unsere Puppenbühne auf und versuchen, auch alles andere nett zu gestalten. Wir hängen einen Vorhang hinter der Bühne auf, damit die wenig attraktive Sporthallenwand nicht mehr zu sehen ist und stellen die Requisiten so dekorativ wie möglich auf. Zusätzlich kleben wir dann noch einen Klebestreifen auf den Boden, der für die Kinder als Begrenzungslinie zur Bühne gilt, die sie nicht übertreten dürfen.

_TECHNIK

Je großflächiger der Platz, desto mehr Lautstärke ist notwendig, um auf sich aufmerksam zu machen. Versuchen Sie mal, zu 40 Kindern zu reden, während die Kirchenglocken läuten, irgendwelche Teenies Musik laufen lassen, Erwachsene sich lautstark unterhalten und die Straßenbahn vorbeifährt.

Bestimmt kennen Sie jemand, der sich mit Musiktechnik auskennt. Besorgen Sie sich eine kleine Anlage und Sie werden viel besser gehört. Seit einiger Zeit besitzen wir zwei Funkheadsets, was ein Segen ist, weil man nicht durch Kabel eingeschränkt ist und dazu noch beide Hände frei hat. Am Anfang reichen natürlich auch einfachere Lösungen. Sinnvoll ist z.B. wahrscheinlich ein kompakter Powermixer mit zwei separaten Boxen.

Bestimmt kennen Sie jemand, der ihnen zu Beginn etwas ausleihen kann. Diese Person nehmen Sie, wenn möglich, gleich zu Ihren ersten Programmen mit. Es ist sowieso von großem Vorteil, wenn man immer einen Techniker dabei hat. Der Techniker sollte neben Grundkenntnissen ein gewisses musikalisches Gehör besitzen und vor allem teamfähig sein. Ein Techniker, der immer sein eigenes Ding macht, seine neuesten CDs einlegt, die er unbedingt präsentieren muss, und blindwütig an den Reglern herumschraubt, ist wirklich eine Plage. Vielleicht haben Sie keine Erfahrung in diesen Dingen, aber jeder Laie kann hören, ob es funktioniert oder nicht.

_WERBUNG

Kindgemäße Flyer und Plakate unterstützen Ihre Wirksamkeit in der Öffentlichkeit. Große Plakate sollten am besten farbenfroh gestaltet sein, während Flyer auf Grund der großen Stückzahlen meist schwarz-weiß kopiert werden. Auf den Einladungen steht in großer Schrift, worum es geht und einige Schlagworte (Clown, Spiele, Preise etc.), die neugierig machen. Im Anhang finden Sie Beispiele dafür.

Fragen Sie am besten jemand, der sich mit Grafik auskennt und Spaß daran hat. Dann haben beide Seiten etwas davon. Loben Sie den Grafiker, aber üben Sie auch Kritik, wenn seine Vorschläge Ihren Vorstellungen nicht entsprechen.

Uns ist es wichtig, dass jeder unseren stoffi_KIDSCLUB als christliche Veranstaltung erkennt. Deshalb erscheint auf jeder Werbung unser Slogan „Weil du Gott wertvoll bist“ und meistens auch noch das Schlagwort „Biblische Geschichten". Wahrscheinlich kommen dadurch einige Kinder weniger, aber wir spielen mit offenen Karten. Das macht uns glaubwürdiger.

Aus unserer Erfahrung ist es am erfolgreichsten, für die Programme persönlich vor den Grundschulen einzuladen. Ein- bis zweimal im Jahr stehen wir vor den Grundschulen, um jedem Kind einen Flyer zu geben. Meistens dürfen wir in der großen Pause auf den Schulhof. Vor allem in den Anfangsjahren, als einzelne Schulleiter uns nicht kannten und verständlicherweise skeptisch waren, mussten wir auf dem Gehweg vor der Schule einladen und durften das Schulgelände nicht betreten. Dies hat sich aber im Laufe der Zeit geändert. Zusätzlich fragen wir in den Schulen, Horten und Kindergärten nach, ob wir bei ihnen Plakate aufhängen dürfen. Auch in umliegenden Geschäften sind unsere Plakate zu finden.

Zur Werbung gehört auch eine Identifikationsfigur. Wir haben uns für den Clown „stoffi" entschieden. Ein Clown ist immer ein Sympathieträger und die Rolle eines Clowns kann auch von verschiedenen Leuten gespielt werden, er muss nur immer dieselbe Kleidung tragen. Auf jedem Plakat, Handzettel, T-Shirt, auch auf unserem Anhänger ist unser Clown zu sehen, der aber auch immer „in echt" dabei ist. Der Clown auf der Werbung ist allerdings ein Comicclown, da dieser einfacher zu drucken oder fotokopieren ist. Er wurde zusammen mit einer befreundeten Werbeagentur entwickelt. Unser Clown ist bei manchen Kindern sogar so populär, dass sie nicht zum „Kidsclub", sondern zum „Clown" kommen.

10 WAS WILL ICH SAGEN?

_ZIELGRUPPE

Zuerst müssen Sie sich natürlich Gedanken machen, welche Zielgruppe Sie erreichen wollen. Als stoffwechsel e.V. haben wir folgende Vision:

Unser Ziel ist es, die Herzen von vorrangig sozial benachteiligten Kindern und Jugendlichen und deren Familien hier aus Dresden und Umgebung, mit der Liebe Gottes zu erreichen und sie herauszufordern, Jesus nachzufolgen: **stoffwechsel_im HERZEN.**

Unsere Treffpunkte haben viele Stunden pro Woche geöffnet. Dort soll dieses Ziel vorrangig durch Beziehungen und das Vorleben erreicht werden. Wir dagegen als stoffi_KIDSCLUB sind der Teil unserer Arbeit, der versucht, möglichst vielen Kindern das Evangelium zu verkündigen und biblische Werte zu vermitteln. Beide Arbeitsteile ergänzen sich. Im Treffpunkt soll ins Leben umgesetzt werden, was wir im stoffi_KIDSCLUB vermitteln.

Als stoffi_KIDSCLUB wollen wir 6-12-jährige Kinder erreichen, was nicht ausschließt, dass kleinere Geschwister und auch Ältere mit dabei sind. Wenn wir uns auf ein Programm vorbereiten, dann haben wir bevorzugt 11-jährige Jungs vor Augen. Wenn wir die 7-jährigen ansprechen würden, kommen die 11-jährigen bald nicht mehr, da sie keine Lust auf „Babykram“ haben. Wenn wir aber die 11-jährigen ansprechen, kommen auch die Kleineren. Auch wenn sie nicht alles verstehen, sind sie doch gerne dabei. Natürlich machen ihnen die Lieder, Spiele oder auch das Puppentheater genauso Spaß wie den Großen. Die Jungs wollen wir deshalb bevorzugt ansprechen, weil die Mädchen leichter zu kommen scheinen. Das ist bei uns nicht anders wie in jeder normalen Kirche. Besonders Jungs erliegen öfter dem Zwang, cool sein zu müssen, deshalb müssen sie stören oder schon allein durch ihre Abwesenheit demonstrieren, dass sie mit so was Kindischem nichts zu tun haben. Mädchen sind nicht im gleichen Maße solchen Zwängen ausgesetzt.

_THEMEN

„Weil du Gott wertvoll bist!" steht überall drauf und das soll auch drin sein im stoffi_KIDSCLUB.

Wir überlegten uns: Was wollen wir den Kindern mitgeben? Was könnte die Botschaft sein, die sie anspricht? Wir dachten nach und kamen zu dem alten, guten Satz: „Jesus liebt dich!"

Dabei stellten wir jedoch zwei Probleme fest:
1. Einige der Kinder wissen überhaupt nicht, wer Jesus ist. Selbst wenn sie den Namen schon einmal gehört haben, verbinden sie damit nicht unbedingt das, was wir damit verbinden. Gott ist da schon besser, da man allgemein weiß, dass Gott eine höhere Macht oder Ähnliches ist.
2. Viele Kinder verbinden Liebe mit Sex oder haben sonst eine völlig falsche Vorstellung, unter Umständen sogar etwas sehr Negatives. „Wertvoll sein" ist aber auf jeden Fall etwas Positives.

Also entschieden wir uns für den Satz „Weil du Gott wertvoll bist".
Warum schreibe ich das alles? Weil ich zeigen will, dass man sich Gedanken machen sollte, was man den Kindern wie erzählt.

Wie kommen wir nun zu den einzelnen Themen? Wir beten, versuchen die Kinder und die Trends zu beobachten, und bitten Gott um Weisheit, das anzusprechen, was wichtig ist.

Meistens planen wir dann einige zusammenhängende Einheiten (zum Beispiel zur Fußball-EM, oder jedes Jahr zwischen Weihnachten und Ostern Geschichten aus dem Leben von Jesus). Dazu kommen noch manchmal besondere Feste oder Aktionen, wie Weihnachtsfeier, Spielolympiade, Sommerfest etc.

Grundsätzliche gesehen gibt es verschiedene Ausgangspunkte für Themen:

1. Themen, die aus der Beobachtung der Kinder kommen
(z.B. „Du bist Gott wertvoll", „Was ist, wenn meine Eltern sich nicht mehr mögen?", „Lügen, Klauen, etc.", „Ängste")
Es ist notwendig, in regelmäßigen Abständen zentrale Problembereiche der Kinder anzusprechen.

2. Themen, die im Trend liegen
(z.B. „Engel“, „Hexen“).

Manche Themengebiete sind gerade aktuell, besonders im pädagogischen Bereich. Man muss deshalb aber nicht immer ein eigenes Thema daraus machen. Zum Beispiel haben wir nie ein Thema zu den populären „Traumfängern“ gemacht. Wir gehen dann eher darauf ein, wenn wir über Angst oder das Einschlafen reden. Aber ein Thema wie Engel, das ständig vorkommt, schreit förmlich danach, aufgegriffen zu werden.

3. Themen, die durch die Jahreszeit oder bestimmte planbare Ereignisse vorgegeben sind
(z.B. kirchliche Feste, Sportgroßveranstaltungen, Zeugnisausgabe)
Dies sind Ereignisse, von denen wir wissen, dass sie sicher kommen und die Kinder sich automatisch damit beschäftigen werden.

4. Spontane Ereignisse
(z.B. besondere Ereignisse wie der 11. September 2001, die Überschwemmungen im August 2002 bei uns in Dresden, oder der Tod eines Kindes, das viele kannten).
Man muss immer abwägen, ob man auf ein ganz aktuelles Thema eingeht oder eben nicht, und dabei Gott um Weisheit bitten.

5. Biblische Lehre
(z.B. „Die Früchte des Geistes“, „Was sagt die Bibel über sich selbst“, „Der Heilige Geist“, „Freude“, „Wer ist Jesus Christus“, „Sünde“, „Vergebung“).
Wie schon erwähnt, wollen wir immer eine biblische Lehre bringen. Aber manchmal geht man in seiner Vorbereitung von einer Geschichte aus, wie zum Beispiel von Abraham und manchmal ist umgekehrt die biblische Lehre der Ausgangspunkt der Überlegungen.

6. Biblische Geschichten
(Einige Folgen über eine bestimmte biblische Person werden erzählt).
Den Kindern soll biblisches Wissen vermitelt werden, damit sie ein tieferes Verständnis für den christlichen Glauben bekommen.

7. Beispielgeschichten
Wir haben zum Beispiel die Lebensgeschichte des Chinamissionars Hudson Taylor in mehreren Teilen behandelt. Hier ist die Überlegung, den Kindern Vorbilder vor Augen zu stellen. Das geschieht natürlich auch, wenn man von noch lebenden Personen, wie zum Beispiel von christlichen Fußballern erzählt. Ansonsten gibt es im christlichen Buchhandel viele passende Geschichten, die bestimmte geistliche Wahrheiten verdeutlichen.

Um es noch einmal zu betonen: Es geht hier um den Ausgangspunkt unserer Überlegungen. Wenn wir zum Beispiel eine biblische Geschichte erzählen, soll diese natürlich auf Dinge angewandt werden, die wir bei den Kindern beobachten. Oder wenn wir über ein Trendthema wie Engel reden, dann werden wir höchstwahrscheinlich eine Geschichte aus der Bibel dazu erzählen. Dabei ist uns besonders wichtig, uns auf ein Thema zu beschränken, denn dann haben die Kinder etwas Konkretes, das sie in der Woche anwenden können.

Damit sind wir aber erst am Anfang. Wir würden nicht in unserem Vorbereitungsteam sagen: Wir erzählen heute eine biblische Geschichte und das Thema heißt: „Das Volk Israel geht durch das Schilfmeer".

Wir erzählen natürlich Geschichten aus der Bibel, aber wir sind nicht da, um nur Geschichten zu erzählen. Wir wollen eine Botschaft vermitteln, denn wenn ich weiß, welches Ziel ich habe, kann ich die Geschichte ganz anders erzählen. Dann lasse ich vielleicht einiges weg oder erzähle spezielle Dinge ausführlicher. Ich erzähle natürlich, was in der Bibel steht, aber mit dem Ziel, die Kinder eine bestimmte geistliche Wahrheit zu lehren.

Das Thema zur Geschichte „Das Volk Israel geht durch das Schilfmeer" könnte zum Beispiel heißen: „Vertraue auf Gott – er hilft dir, wenn du Angst hast!" Oder „Du kannst mutig sein, denn dein Gott ist der Stärkste!" Die Kinder müssen also immer biblische Lehre hören. Doch diese Lehre muss einfach und praktisch dargestellt werden.

Vor kurzem fiel uns auf, dass wir unbedingt das Thema „Gehorsam" behandeln sollten. Wir hatten mitbekommen, wie manche Kinder mit ihren Lehrern umgingen und das schien uns sehr bedenklich. Nun kann man in der Bibel ziemlich viel Material zu diesem Thema finden.

Wir einigten uns auf zwei Hauptlinien, die wir vermitteln wollten:
1. Der Gehorsam zu Gott steht über allem.
2. Wir sollen den Menschen, denen wir unterstellt sind, gehorchen (Eltern, Lehrer, Polizisten etc.), es sei denn, dass etwas, das sie sagen, mit Punkt 1 kollidiert – dabei muss man natürlich auch noch bedenken, dass Kinder von ihren Autoritäten misshandelt werden könnten.

Also entschieden wir uns, das Thema in zwei Folgen zu behandeln.
1. Thema: Du sollst Gott mehr gehorchen als den Menschen (den Bibelvers haben wir auch präsentiert).
2. Thema: Gehorche fröhlich denen, die für dich verantwortlich sind.

Beim zweiten Thema konnten wir zwischendurch auf das erste Thema hinweisen, aber wir hatten doch jedes Mal eine klare eindeutige Aussage.

Um noch einmal zusammenfassen: Die Einstiegsfrage, die wir uns in der Vorbereitung stellen, lautet: „Wie heißt der Satz, den wir den Kindern mitgeben wollen?".

11 Wie gestalte ich das Programm?

Jeder einzelne stoffi_KIDSCLUB ist spannend. Natürlich wird man routinierter, wenn man jede Woche einen Kidsclub durchführt, aber von Routine im Sinne von „immer dasselbe" kann ich immer noch nicht sprechen.

„Wie wird das Wetter?", „Kommt XY heute?", „Kriege ich meine Botschaft verständlich und herausfordernd genug rüber?". Diese und viele weitere Fragen gehen mir durch den Kopf. Selbst der Ablauf ist an den verschiedenen Plätzen immer anders. Außerdem probieren wir öfter mal was Neues aus. Trotzdem ähnelt sich der grobe Ablauf von Woche zu Woche:

A Aufbau und Soundcheck
B Letzte Proben
C Gebet und letzte Absprachen im Team
D Spielzeit mit den Kindern, bis das Programm beginnt

E Eröffnungslied
F Clown-Nummer
G Anwesenheitspreise, Bekanntmachungen und Regeln
H Spiele
I zwei oder drei Lieder
J Wiederholen der Regeln
K Puppentheater
L Verkündigung in mehreren Blöcken
M Lied und parallel die Möglichkeit zum Gespräch mit einem Mitarbeiter
N Schlusssegen und Ballonkontrolle
O Gruppengespräche
P Anwesenheitsliste

Q Spielzeit mit den Kindern und Abbau
R Abschlussgebet mit den Mitarbeitern

Diesen Ablauf, natürlich konkretisiert mit Liedtiteln, Spielenamen etc., bekommt jeder Mitarbeiter schwarz auf weiß in die Hand bevor es losgeht. So weiß er, welches Lied wir singen oder an welcher Stelle der Verkündigung er zum Einsatz kommt.

A_AUFBAU

Der Aufbau läuft immer anders ab, je nachdem, ob die Veranstaltung im zweiten Stock einer Schule, Openair oder sonst irgendwo stattfindet. Was wichtig ist: früh genug anfangen. Es gibt nichts Schlimmeres, als wenn man alles gerade so in der letzten Minute hinbekommt.

Bei solchen Arbeiten zeigt sich auch der Charakter eines Mitarbeiters. Wer immer nur mürrisch schlechte Stimmung verbreitet und dazu noch zur Arbeit angetrieben werden muss, ist wahrscheinlich am falschen Platz. Gut ist, wenn jeder Mitarbeiter weiß, wofür er verantwortlich ist, dann geht es schneller. Außerdem muss ein Mitarbeiter die Hauptleitung haben und bereit und fähig sein, Entscheidungen zu treffen.

In einer betenden Haltung aufzubauen anstatt die ganze Zeit zu quatschen ist auf jeden Fall förderlich für die geistliche Atmosphäre. Absprachen sind natürlich auch wichtig. Die Aufbauzeit ist allerdings nicht der richtige Ort, um Schwierigkeiten im Team anzusprechen oder sonstige größere Probleme zu diskutieren. Dies sollte anderswo geschehen, sonst wird die ganze Veranstaltung von diesen Diskussionen überschattet. Einen reifen Mitarbeiter zeichnet aus, dass er damit bis zum passenden Zeitpunkt warten kann.

Zum weiteren Aufbau: Wenn man eine Musikanlage benutzt, ist ein Soundcheck erforderlich. Selbst wenn man schon x-mal in der gleichen Halle gearbeitet hat und alle Einstellungen kennt, ist es doch gut zu wissen, dass tatsächlich jedes Mikrofon und die Lautsprecher funktionieren.

Noch ein paar Tipps aus unserer Erfahrung:

1. Wir setzen Jungs und Mädchen getrennt auf zwei verschiedene Seiten. Wir haben die Erfahrung gemacht, dass es gerade in diesem Alter gut funktioniert, wenn man die Kinder trennt. Außerdem hilft diese Sitzordnung bei den Spielen und bei der Disziplin.
2. Wenn die Kinder ankommen, müssen sie wissen, wo sie sitzen sollen. Openair ist es am einfachsten, zwei Planen auf den Boden zu legen, eine für Jungs, eine für Mädchen, zusätzlich benutzen wir immer robuste, flache Sitzkissen. Dadurch sitzen die Kinder nicht irgendwo auf dem Gelände, sondern in der Nähe der Bühne und doch weit genug entfernt. Außerdem sitzt jedes Kind auf seinem eigenen Platz. Der Nachteil von Sitzkissen ist, dass man sie durch die Gegend werfen oder sammeln kann. Ideal sind natürlich Stühle, aber das ist nicht so einfach zu organisieren.
3. Der „Bühnenbereich“ darf von den Kindern nicht betreten werden, besonders wenn Technik herumsteht. Sonst versucht der eine, ins Mikrofon zu brüllen, wäh-

rend das andere Kind über Kabel stolpert usw. Wir versuchen, entweder durch eine natürliche Trennung im Gelände oder durch einen Klebestreifen diese Linie zu markieren.
4. Bei Open-Air-Programmen ist es wichtig, dass die Akteure „auf der Bühne" in die Sonne schauen und nicht die Kinder. Die Sonne wirkt so als natürliche Bühnenbeleuchtung. Außerdem verlieren die Kinder schnell den Spaß, wenn die ganze Zeit in die Sonne schauen müssen.
5. Wenn es richtig heiß ist, sollten die Kinder möglichst im Schatten sitzen können. Wir stellen in diesem Fall unsere Bühne dementsprechend auf. Denn wenn mitten im Programm das erste Kind aufsteht, weil es zu heiß ist und in den Schatten rennt (womöglich in 50 Meter Entfernung), beginnt sehr schnell der Massenexodus. Das Programm ist dann erst einmal dahin – alles schon erlebt!

B_LETZTE PROBEN

Auch wenn man verschiedene Dinge wie zum Beispiel das Theaterstück schon daheim geprobt hat, sollte man es wenigstens kurz antesten, um sicher zu sein, dass alles funktioniert. Schließlich übt man ja daheim und nicht an dem Platz, an dem das Kinderprogramm dann durchgeführt wird.

Außerdem sollte man immer mit Mikrofon antesten. Denn was nützt die großartig einstudierte Szene, wenn der Hauptakteur plötzlich nicht mehr so frei spielen kann, wie er wollte, weil er auf einmal ein Mikrofon in der Hand hat oder, noch schlimmer, gar keines findet. Zusätzlich ist es notwendig, dass der Techniker am Mischpult weiß, was passieren wird. Vor allem, wenn er auch noch Musik oder Textpassagen von einer CD einspielen soll!

C_GEBET UND LETZTE ABSPRACHEN IM TEAM

Die Gebetszeit handhaben wir an den verschiedenen Orten unterschiedlich. Bei der besten Variante ohne Zeitdruck beten wir schon zwei Stunden vor dem Aufbau zusammen mit allen Beteiligten. Mit ihnen haben wir eine halbe Stunde Zeit für eine Andacht, Gebet und kurze Absprachen.

Wenn man aber mit vielen Ehrenamtlichen arbeitet, ist dies meistens nicht möglich, weil sie nicht so viel Zeit zur Verfügung haben. In diesem Fall setzen wir uns nach dem Aufbau kurz vor dem Programm zusammen.

D_SPIELZEIT MIT DEN KINDERN, BIS DAS PROGRAMM BEGINNT

Vor allem Openair macht dieser Part wirklich Spaß und er macht neugierig. Dadurch, dass wir eine halbe Stunde vor dem eigentlichen Programm mit unserem stoffi_HÄNGER (unserer fahrbaren Bühne) da sind und mit den Kindern spielen, wirkt die ganze Szenerie wie ein Kinderfest.

Wir lassen Musik laufen, die gute Laune erzeugt: Reggae, Dance-Pop oder Soul. Wir spielen zwar ausschließlich Musik von christlichen Bands, aber fast nur englischsprachige Sachen, da die Musik Atmosphäre schaffen und nicht schon Fragen aufwerfen soll. Zwischendrin, wenn wir sehen, dass Kinder am Platz vorbeikommen, machen wir Ansagen, wie: „Herzliche Einladung zum stoffi_KIDSCLUB. Gleich geht es los mit Liedern, Spielen, Clown, Puppentheater, Geschichten, Preisen und vielem mehr."

Wenn schon viele Kinder dabei sind, spielen wir gerne mit einem großen Schwungtuch, dass man schon von weitem sehen kann und besonders anziehend wirkt. Zusätzlich benutzen wir ein langes Seil, bei dem bis zu acht Kindern gleichzeitig Seilhüpfen können und einige kleine Spielsachen, wie Frisbee-Scheibe, Mini-Trampolin oder Pedalo. Ein Mitarbeiter spielt meistens mit einigen Kindern Fußball. Diese Spielzeit dient dazu, die Kinder zu begrüßen, dass sie sich wohlfühlen, Beziehungen zu neuen Kindern gebaut werden und sie erzählen können, was sie unbedingt loswerden müssen. Währendessen geht auch der Clown in der Gegend herum und lädt mit Handzetteln neue Kinder ein.

Leider ist diese Spielzeit nicht überall möglich. Wenn wir uns in der engen Schulaula treffen, stellen wir den Clown 30 Minuten vor Beginn vor die Schule, damit die Kinder begrüßt und neue Kinder aufmerksam werden. Die Kinder sollen dann aber erst 15 Minuten vor Beginn hereinkommen. Wir haben einfach nicht den Platz, um in diesem Raum richtig zu spielen. Somit geht es in diesen Räumen nur darum, eine angenehme Atmosphäre zu schaffen (auch mit Musik), und die Kinder herzlich willkommen zu heißen.

E_ERÖFFNUNGSLIED

Jetzt geht das Programm los! Diese Stunde, die wir mit ihnen verbringen, soll begeisternd sein und zwar vom ersten Moment an. Wir haben schon verschiedenes ausprobiert. Am besten funktioniert bei uns ein Countdown. Wir zählen mit den Kindern von 10 auf 0. Bei 0 beginnt sofort die Musik. Das erste Bewegungslied muss fetzig sein und zumindest den Kindern, die schon einmal da waren, gut bekannt. Dazu sollte es so leicht zu lernen sein, dass auch Kinder, die zum ersten Mal dabei sind, gleich mitmachen können. Wenn sie die Melodie nicht gleich aufgreifen können, so doch wenigstens die Bewegungen. Dies ist auch nicht der Moment für ein geistlich besonders tiefschürfendes Lied. Die Kinder sollen erst einmal ankommen und da kommt es zunächst auf eine einladende, freundliche Atmosphäre an.

Für den Anfang des stoffi_KIDSCLUBs halte ich Lieder wie „Einfach Spitze, dass du da bist"[3] für gut geeignet. Wir singen meistens Lieder aus unserem eigenen Repertoire, wie „Alarm in Dresden" (kann auch Berlin, Stuttgart oder Hong Kong heißen), „Schön, dass du da bist", „Du bist 5-4-3-2-einzigartig" oder den Spiritual „Peace like a river".

F_CLOWN-NUMMER

Nach dem ersten Lied tritt erst einmal „stoffi", unser Clown, auf. Manchmal haben wir aber auch eine besondere Serie, wie vor kurzem „Tante Olgas Kramladen" – in der jede Einleitungsszene in einem provisorischen Tante Emma-Laden spielte. Natürlich war „stoffi", der Clown, immer der Kunde.

Sinn dieser Szene ist, das Thema des Tages anzureißen. Manchmal greifen wir die Szene auch auf und moderieren anschließend: „Na, das war was! – aber mir geht's manchmal ganz ähnlich – euch auch? Darum wollen wir heute im Kidsclub über ... reden". Außerdem hat „stoffi" als Identifikationsfigur auf diese Weise seinen wichtigen Auftritt.

G_ANWESENHEITSPREISE, BEKANNTMACHUNGEN UND REGELN

Beides zusammen ist ein Programmpunkt, der von einer Person angesagt wird. Diese Person sollte jemand aus dem „Stadtteilteam" sein, also jemand, zu dem die Kinder eine gute Beziehung haben und der die Arbeit vor Ort repräsentiert. Sein Helfer ist der Clown „stoffi", der die Preise austeilt.

Jeder, der zu uns kommt, kann nach dem Programm seinen Namen und seine Adresse auf einen vorbereiteten Zettel schreiben und uns geben. Wer 10x anwesend war, darf sich aus unserem Schatzkoffer etwas aussuchen – da ist alles Mögliche drin, was wertvoll aussieht und wir günstig erworben haben oder,

[3] Lied: Text und Musik: Daniel Kallauch, © cap-music, D-72221 Haiterbach-Beihingen; siehe www.cap-music.de

noch besser, geschenkt bekamen: Puzzle, Spielzeugmotorräder, Basecaps, christliche Bücher & Kinder-CDs, Lippenstift, Puppen, Minifußbälle, Kreide und vieles mehr. Wer 25x da war, der bekommt ein T-Shirt vom Kidsclub. Wir dachten: „Das ist zwar teuer, aber eine gute Werbung!" Beim 50. Mal geht das Kind mit dem Mitarbeiter seiner Wahl Eis essen. Nur zwei Kugeln – kein Eisbecher, sonst wird es zu teuer. Wir erhoffen uns durch diese Aktion eine Stärkung der Beziehung zu den Kindern.

Grundsätzlich gilt: jedes Kind, das einen Preis bekommt, wird nach vorne geholt, vorgestellt und bekommt einen Applaus. Für viele Kinder ist das eine ganz wichtige Erfahrung. Man muss aber ein bisschen Fingerspitzengefühl entwickeln, denn manche Kinder sind sehr schüchtern. Einzelne haben deshalb ihre Preise hinterher bekommen, weil sie nicht vor allen nach vorne kommen wollten.

Zusätzlich zu den Anwesenheitspreisen gibt es noch Belohnungen dafür, dass man jemand Neuen mitgebracht hat. Jeder, der ein Kind mitgebracht hat, bekommt ein Überraschungsei und das neue Kind eine Kleinigkeit, wie einen Lutscher oder ähnliches. Diese zwei werden natürlich auch beklatscht. Wir erhoffen uns durch diesen Preis natürlich, dass die Kinder motiviert werden, neue Kinder mitzubringen.

Für manche hört sich das jetzt vielleicht übertrieben an, wir denken aber, dass es wichtig ist, den Kindern auf diese Art fürs Kommen zu danken und sie anzuspornen, ihre Freunde mitzubringen.

Die Bekanntmachungen sollen einladend und kurz sein. Wenn der Ansager nicht überzeugt ist von dem, wofür er wirbt, braucht er gar nichts zu sagen, es wird niemand kommen. Um kurze Ansagen zu machen, sollte man sich vorher gut überlegen, was man sagen will. Knapp und trotzdem komplett anzusagen, muss gut überlegt sein.

Wir geben jede Woche die besonderen Aktionen bekannt, die in dieser Woche in unserem Treffpunkt laufen. Zusätzlich bewerben wir gerne Veranstaltungen, die von den verschiedenen Gemeinden in der Gegend für Kinder durchgeführt werden. Wenn wir Flyer für solche Events dabei haben, verteilen wir diese erst am Ende der Veranstaltung, sonst spielen die Kinder die ganze Zeit damit herum oder schießen sie uns als Papierflieger um die Ohren.

Jetzt werden die Regeln angesagt. Das ist wichtig, sollte aber kurz und prägnant sein, nicht militärisch.
Die Regeln sind ganz einfach, unsere Hauptregel: Keiner redet mehr, alle sind still und schauen zu.
Die anderen beiden Regeln werden nur bei Bedarf genannt:

a) Keiner geht über die Linie zur Bühne
b) Keiner, der einmal den Raum verlassen hat, kommt wieder rein
(manche gehen sonst immer rein und raus. Wenn jemand aufs Klo muss, dann kann er das einem Mitarbeiter sagen – dies aber bitte nicht den Kindern gegenüber an dieser Stelle erwähnen, sonst rennen plötzlich alle raus)

H_SPIELE

Die Kinder müssen stillsitzen können, wenn die biblische Lektion kommt, also sollten wir sie jetzt so in Bewegung bringen, dass ihr Bewegungsdrang gestillt wird.

„Wollt ihr Spiele?“ Diesen Satz rufen wir jedes Mal. Und die Kinder brüllen: „JAAAA!!!!!!!“ Nach zwei oder drei Wiederholungen dieser Frage und einer immer lauteren Antwort, haben wir schließlich genug gehört. Kinder lieben Wiederholungen und unsere Spielzeit ist voll von solchen Ritualen. Weitere Rituale sind: „Wer gewinnt – die Jungs oder die Mädchen?“ „Für wen seid ihr?“ Und zu Beginn des Spieles zählen wir immer „5-4-3-2-1-0“, denn „Auf die Plätze, fertig, los“ ist einfach zu kurz und man kann nicht so gut mitbrüllen. Der Spaß kommt dadurch zustande, dass man jedes Mal diese Prozedur wiederholt.

Wir spielen meistens 2 x 2 Spiele. Das heißt, bei jedem Spiel gibt es zwei Durchgänge. Es sei denn, wir merken, das Spiel funktioniert überhaupt nicht, dann lassen wir es, oder aber es ist sehr kurz, dann wiederholen wir es noch einmal mehr.

Bei unseren Spielen handelt es sich fast immer um Wettbewerbe zwischen Jungs und Mädchen. Das ist auch einer der Gründe, warum wir die Kinder zu Beginn aufteilen. Eine Mitarbeiterin feuert die Mädchenseite an, ein Mitarbeiter die Jungs. Übrigens werden die Kinder nur so begeistert mitgehen, wie wir begeistert sind.

Nachdem wir kurz und präzise (also gut überlegt) die Spielregeln präsentiert haben, werden die Spieler nach vorne geholt. Jeder Spieler wird vorgestellt, manchmal auch mit zusätzlichen Fragen; zum Beispiel bei einem Kraftspiel: „Was hast du heute zu Mittag gegessen?“ Es ist vor allem wichtig, die Zuschauerkinder zu animieren, mitzugehen und ihre Leute anzufeuern, sobald das Spiel mit „5-4-3-2-1-0“ gestartet wurde.

Die meisten, die zum ersten Mal die Spiele leiten, machen den Fehler, sich zu sehr auf die Akteure vorne zu konzentrieren, wir wollen aber, dass die ganze Masse mit dabei ist! Schließlich sollen sie nachher still sitzen können.

Die Spiele müssen sehr visuell sein, das heißt Puzzles auf dem Boden sind zum Beispiel völlig sinnlos, denn außer den Zuschauern der ersten Reihe bekommt niemand etwas mit. Mindestens alle 30 Sekunden muss etwas passieren. Ein Spiel kann zwar auch länger dauern, aber es braucht unbedingt viel Bewegung. Wenn also Kinder vorne ein Rätsel machen und erst nach zwei Minuten zu einer Lösung kommen, haben die anderen schon lange abgeschaltet. Die besten Spiele sind oft die einfachsten: Armdrücken Junge gegen Mädchen oder Staffelläufe sind simpel, aber super zum Anfeuern.

I_ZWEI BIS DREI LIEDER

Nachdem die Kinder schon ein bisschen aufgekratzt sind, singen sie viel besser mit. Deshalb kommen die Lieder an dieser Stelle. Alle Kinder sollen zum Singen aufstehen. Man kann gar nicht genug betonen, wie wichtig Lieder sind. Wenn in vielen Jahren alle Geschichten vergessen sind, die Lieder bleiben. Wir singen recht oft dieselben Lieder, denn Kinder lieben es, wenn sie etwas können. Deshalb kommt auch immer höchstens ein neues Lied vor. Die Lieder sollen einfach sein, aber prägnante Wahrheiten beinhalten, die wir den Kindern mitgeben wollen. Sie müssen nicht unbedingt zum Thema passen, wenngleich es gut ist, wenn wenigstens das Abschlusslied passend ist. Aber da es ja unser Ziel ist, dass sie die Texte behalten, kann man zum Beispiel ein Lied über Engel nicht nur dann singen, wenn es zum Thema passt.

Wir singen eher selten Anbetungslieder, da wir viele Kinder haben, die keine Christen sind. Für uns ist es immer ein Spannungsfeld: auf der einen Seite sollen Kinder lernen, Gott anzubeten, auf der anderen Seite möchten wir, dass jeder mitmachen kann, ohne zu lügen. Hier sollte jeder auf seine Situation achten und für sich die beste Mischung finden.

In geschlossenen Räumen kann man auch ein langsames Lied ohne Bewegungen singen, im Freien singen wir langsame Lieder nur, wenn sie Bewegungen haben. Die Ablenkung ist Open-Air einfach zu groß.

Für geschlossene Räume benutzen wir OHP-Folien, die einer unserer Mitarbeiter für diesen Zweck gestaltet. Im Freien haben wir handgeschriebene Liedpappen. Einige Lieder werden mit Gitarre begleitet, für andere Lieder benutzen wir Playbacks auf CD. Beides hat Vorteile. Mit der Gitarre kann man mehr auf die Kinder eingehen, das Tempo variieren oder Teile wiederholen. Playbacks bringen gerade bei fetzigen Liedern mehr Stimmung.

Wie immer auch die Lieder begleitet werden: Der Vorsänger muss sicher sein, sowohl in Text und Melodie, als auch bei den Bewegungen. Wer das Lied nicht gut beherrscht, kann gleich aufhören. Die Kinder werden nur verwirrt sein. Genau so wichtig ist, dass begeistert gesungen wird, um die Kinder mitzureißen. Der beste Musiker oder Sänger nützt überhaupt nichts, wenn er die Kunst nicht beherrscht, andere zu begeistern.

Außerdem darf keine Pause zwischen den Liedern entstehen. Der beste Übergang ist, wenn man zwischen den Liedern kurz etwas zum Sinn des Textes sagt, während im Hintergrund schon das neue Lied angespielt wird. Bei einer Pause zwischen den Liedern setzen sich die Kinder automatisch wieder hin.

Man kann auch bei den Liedern mitunter einen kleinen Wettbewerb einbauen: Wer kann das Lied lauter singen – die Jungs oder die Mädchen. Oder man singt das Lied immer schneller – wer kommt noch mit?

Da geht´s lang!
Nur wer selbst begeistert singt, kann auch andere begeistern

J_WIEDERHOLEN DER REGELN

Nach den Liedern beginnt der Teil des Programmes, in dem die Kinder zusehen sollen. Dabei sollen ihnen die Regeln helfen. Der, der auch die Ansagen gemacht hat, übernimmt im Normalfall auch das Wiederholen der Regeln.

Die Regeln sind ganz einfach, unsere Hauptregel: Keiner redet mehr, alle sind still und schauen zu.

Die anderen beiden Regeln werden nur bei Bedarf genannt:
a) Keiner geht über die Linie zur Bühne
b) Keiner, der einmal den Raum verlassen hat, kommt wieder rein

Auf jeder Seite (Jungs/Mädchen) hängen drei Luftballons. Wer eine Regel übertritt, sorgt dafür, dass ein Luftballon kaputt geht. Wenn alle drei Luftballons kaputt sind, gibt es keinen Kuchen (den wir gespendet bekommen). Auf diese Weise sind die Kinder motiviert, sich gegenseitig zu kontrollieren.

K_PUPPENTHEATER

Puppentheater fasziniert seit jeher Kinder und Erwachsene. Das nutzen wir, aber ohne ein klassisches Kasperletheater zu spielen. Wir haben „reale Menschen", die „reale Situationen" erleben, also ein guter Aufreißer für die nachfolgende Verkündigung.

Fast jedes Mal spielen wir eine Folge der HELLERBERG:GÄNG, von der wir eine CD selber produziert und bei cap!-music veröffentlicht haben („Lass den Peace rein", erhältlich in jeder christlichen Buchhandlung oder direkt unter www.stoffwechsel.com und www.cap-music.de). Der Stil des Puppentheaters ist mehr für ältere Kinder ausgelegt, deshalb sind sie auch, um im Jargon von unserer Hauptfigur Big Joe zu reden, konkret krass.

Manche Lieder aus dem Radio oder von Kinder-CDs eignen sich auch, um mit Puppen gesungen zu werden. Vor allem natürlich mehrstimmige Sachen, bei denen die einzelnen Stimmen auch noch versetzt einsetzen, wie zum Beispiel bei den Comedian Harmonists. Da wird es natürlich manchmal mit dem Text schwierig.

Übrigens kann es im Freien auch einmal gut sein, etwas zu haben, das die Eltern interessant finden. Als wir einmal das Lied „Männer" in der acapella-Version der Bläck Föös als Puppensong laufen ließen, kamen von überall her Leute und schauten zu.

Die HELLERBERG:GÄNG bringt normalerweise kurze ca. 4-5minütige Theaterstücke, die das Thema anschneiden sollen, um das es geht. Manchmal bringen wir auch ein Lied von der CD „Lass den Peace rein". Mittlerweile ist die HELLERBERG:GÄNG bei Kindern und Erwachsenen so zum Kult geworden, dass wir uns nicht mehr trauen können, ohne Puppentheater anzurücken. Die Mitarbeiter hätten natürlich auch etwas gegen so eine Idee.

Die Puppentheater werden vorher in unserem kleinen Tonstudio aufgenommen und mit Geräuschen versehen. Dann lassen wir nur noch die CD ablaufen und bewegen die Puppen dazu. Der aufgeschriebene Text wird hinten an der Puppentheater Rückwand befestigt. Durch diese Vorproduktion wird die Textverständlichkeit erhöht und lässt das Ganze professioneller wirken. Allerdings sollte man gerade in den ersten Monaten viel üben und am Besten mal ein Seminar für Puppenspielen besuchen.

Für die Darstellung der Charaktere benutzen wir verschiedene Sorten von Puppen:
Zum einen Handpuppen, wie sie zum Beispiel von Folkmanis[4] oder Living Puppets[5] verkauft werden. Der Vorteil ist, dass sie Hände haben, in die man mit der eigenen Hand schlüpfen kann. Eine Spielerhand spielt den Kopf, die andere bedient die Hand der Puppe. Manchmal spielen auch zwei Puppenspieler die Puppe, einer den Kopf, der andere beide Hände.

Die anderen Puppen, die wir benutzen, sehen aus, als kämen sie direkt aus der Sesamstraße. Sie lassen sich leichter spielen und sehen cooler aus. Dafür kann man nichts mit den Händen machen, es sei denn man bindet ein Stück Draht daran, mit dem man die Hand bewegen kann. Dutzende unterschiedlicher Puppen dieser Art sind in Amerika bei One Way Street[6] zu bestellen. Darunter auch Modelle, die leuchten oder sogar zwei Meter große Puppen, in denen ein Mensch steckt.

Mit ein wenig Geschick, kann man Puppen natürlich auch selbst basteln. Zusätzlich zu den erwähnten Puppen besitzen wir verschiedenste schräge Stoffgestalten, die wir geschenkt bekommen oder günstig erworben haben. Wenn nötig kann man auch mal ein ganz normales Kuscheltier an der Naht auftrennen und seine Hand reinstecken. Also: immer Augen auf und nach Puppen Ausschau halten.

[4] siehe: www.folkmanispuppen.de
[5] siehe: www.livingpuppets.de
[6] siehe: www.onewaystreet.com

KURZ NOCH EIN PAAR ANFANGSTIPPS FÜR PUPPENSPIELER:

_Den Mund richtig bewegen.
Die meisten Anfänger schließen den Mund der Puppe bei jeder Silbe. Er muss aber geöffnet werden!

_Nach unten schauen.
Viele lassen ihre Puppen nach oben schauen, anstatt ins Publikum. Es ist zwar anstrengend und tut manchmal richtig weh, aber es muss sein: der Kopf schaut ins Publikum. Je höher die Bühne, desto tiefer muss man schauen.

_Den Puppenkörper bewegen.
Viele bewegen die Puppe nur, wenn sie nicht spricht. Dabei sollte sich die Puppe gerade bewegen, wenn sie spricht. Nicht unbedingt übertrieben, aber manchmal auch das. Denn die Kinder schauen zu den Figuren, die sich bewegen.

_Nicht am Bühnenrand hängen.
Viele stützen ihre Puppen aus Bequemlichkeitsgründen am Bühnenrand auf. Die Puppen sollen sich aber dreidimensional im Raum bewegen, dadurch wirkt alles viel natürlicher.

_So viel von der Puppe zeigen wie möglich.
Da Kopf und Arme des Puppenspielers nicht gesehen werden soll, hängt die Puppe oft dementsprechend tief, so dass man kaum noch deren Mund sieht. Deshalb muss man durch ausprobieren lernen, den eigenen Kopf in eine solche Position zu bekommen, dass man ihn nicht sieht, aber möglichst viel von der Puppe sichtbar ist.

Zur Wiederholung: Die Funktion des Puppentheaters ist im Normalfall die Einführung in das Thema des Tages.

L_VERKÜNDIGUNG IN MEHREREN BLÖCKEN

Hauptaugenmerk der Vorbereitung ist sicherlich die Verkündigung.
Das Allerwichtigste: Wir müssen überzeugt sein, dass wir eine Botschaft besitzen, die die Kinder hören müssen! Es geht um Himmel oder Hölle, um Segen oder Fluch. Wenn wir vorne stehen und einfach was erzählen, kann es langweilig werden. Spannend wird es, wenn wir überzeugt sind, von dem was wir sagen und wenn wir erwarten, dass Gott tatsächlich durch uns zu den Kindern redet! Es ist öfter zu beobachten, dass Leute ein ganz nettes Kinderprogramm mit guten Ideen machen, aber leider kommt die Aussage nicht richtig rüber. Sie konzentrieren sich so sehr auf die gute Show, dass das wichtigste leider übersehen wird.

Unsere Verkündigung besteht immer aus mehreren Elementen. Je nach Thema kann dies verschieden aussehen. Sicher ist, dass immer mindestens ein biblisches Element, entweder ein Bibelvers oder eine biblische Geschichte vorkommt. Natürlich kann es auch beides sein.

Am Ende des Buches sind einige ausgearbeitete Programme abgedruckt, in denen sich dies alles widerspiegelt. Außerdem werden unter www.stoffwechsel.com in Zukunft ausgearbeitete Programmvorschläge ins Netz gestellt, die man auf freiwilliger Spendenbasis herunterladen kann. Typisch wäre zum Beispiel folgender Ablauf:

Thema: Gebet hilft über weite Entfernungen

_Theaterstück über römischen Hauptmann, dessen Sohn krank ist (mit OHP-Folie, Musik und Pantomimeelementen)

_Bibelvers mit Bezug auf das Theaterstück (Rückfragen und Interview mit dem Hauptmann)

_Gegenstandslektion: anhand der Entstehungsgeschichte der Brezel wird das Gebet erklärt.

_Aufruf: Wer möchte beten oder für wen soll gebetet werden?

Oder das Thema: Der Königssohn will dir Gutes tun

_Theater: Ein Zeremonienmeister erklärt den Kindern, wie sie sich gegenüber dem gleich eintreffenden König verhalten sollen. Dann spielt bombastische Musik und alle fallen vor dem König nieder. Ein Kind rennt hin, die Wachen wollen es abhalten, aber der König holt es auf seinen Schoß.

_Kurze Erzählung: Der König erzählt die Geschichte der Kindersegnung mit dem Kind auf dem Schoß

_Anwendung: Was bedeutet Segnen? Der Mitarbeiter holt ein Kind nach vorne und demonstriert an ihm die Bedeutungen des Segens. Zwischendurch schreibt er die markantesten Aussagen an die Tafel.

_Aufruf: Wer möchte sich segnen lassen?

Hier einige Möglichkeiten, die wir benutzen, um die Botschaft rüberzubringen. Einiges eignet sich mehr zum Erzählen von Geschichten, anderes mehr als Anwendung

1_THEATERSTÜCK

Hier müssen Emotionen gezeigt und richtig geschauspielert werden. Ganz wichtig sind Verkleidung und Requisiten. Auch Geräusche und Musik tragen viel zur Atmosphäre bei. Sie können die Geschichte von den drei Männern im Feuerofen einfach so spielen, aber stellen sie sich vor, man benutzt majestätische Musik, Feuerprasseln und Rauch aus der Nebelmaschine.

Pantomime ist eine weitere Variante, zu der jedoch zu beachten ist, dass man den Kindern vorher einiges zum Verstehen erklären muss. Außerdem sollte man mindestens Musik dabei haben. Wir kreuzen auch oft Pantomime mit normalem Theater, so ist es einfacher, das Gespielte zu verstehen. Der Vorteil des Theaterstücks liegt in der Spannung, die man aufbauen kann. Der Nachteil ist, dass es nicht so einfach gelingt, die Anwendung einzubauen.
Ein Tipp: immer die Augen offen haben nach schrägen Sachen zum Verkleiden. Wir haben einen Kleiderschrank für unterschiedlichste Klamotten, einen extra Koffer für Hüte und noch einen für sonstige Requisiten (Brillen, Bärte, Krawatten, Handschuhe etc.)

2_SKETCHBOARD

Das Sketchboard wurde schon vor dem zweiten Weltkrieg von Straßenpredigern der Open Air Campaigners (deutsch: Freiversammlungsmission) eingesetzt. Mit Zeichnungen, vor allem aber auch einzelnen Worten und kurzen Sätzen in der so genannten Negativschrift wird eine Geschichte illustriert. Ich habe die Technik in New York gelernt, wo wir auf der Straße mit erstaunlichem Erfolg gepredigt haben. Gleich bei meiner ersten Open-Air-Predigt bekehrte sich ein Pärchen, das keine Adresse hinterlassen konnte, da sie unter einer Brücke lebten.

Wie funktioniert das nun?
Während man die Geschichte erzählt, vervollständigt man ein vorbereitetes Bild. Dadurch ist immer etwas Neues zu sehen. Wenn man gute Schlagworte benutzt, dann hat man die Anwendung schon fast durch die Sätze, die vorne stehen. Ein weiterer Vorteil ist, dass diese Technik etwas Besonderes ist, die man sonst nirgends sieht. Der Vortragende erscheint als Künstler, was die Sache für die Zuschauer so attraktiv macht.

Übrigens kann jeder lernen, mit dem Sketchboard umzugehen, nicht nur große Künstler. Ich zum Beispiel hatte in „Bildende Kunst" immer eine Vier oder noch schlechter und benutze trotzdem oft das Sketchboard.

Hier einmal ein kleiner Einführungskurs:
Das Negativschrift-ABC:

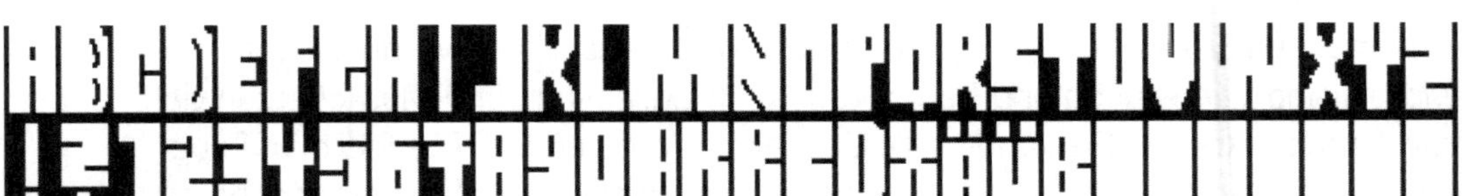

Ein Rahmen für ein ansprechendes Bild könnte so aussehen: Zuerst wird mit Gelb ein Rand gezogen, dann mit einer dunkleren Farbe in Schlangenlinien darüber gemalt.

Die wichtigsten Worte unterlege ich immer mit einer helleren Farbe, meistens in Gelb:

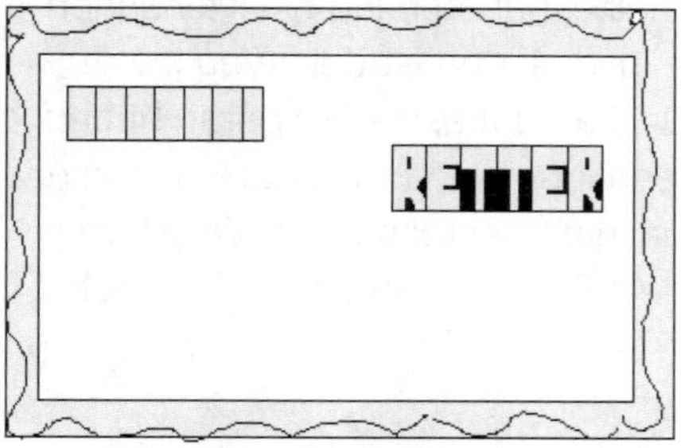

Hier nun in einer Kurzfassung die Standardlektion fürs Sketchboard.

Heute möchte ich über die interessanteste und für viele Menschen wichtigste Person der ganzen Welt reden (ICH anschreiben). Ich? Wer ist ich? Ich bin ich, du bist ich und du dahinten auch. Jeder ist ich. Denn: jeder denkt an sich, nur ich denk an mich.

Manche Kinder sind ziemlich traurig, denn sie denken: „Keiner interessiert sich für mich". Aber ich habe heute eine gute Nachricht für dich – es gibt jemanden, der sich für jeden von euch total interessiert (Gott anschreiben). Dieser Gott möchte dein Freund sein.

Und es ist auch echt super, ein Freund von Gott zu sein. Das hat viele Vorteile: jemand, der Gebete erhört, der auf einen aufpasst und wenn man stirbt, kann man immer bei ihm sein – im Himmel. Super! Also bemühen sich manche Menschen sehr, damit sie Gottes Freunde werden können (Pfeile nach oben malen – die sieht man auf dem Schlussbild nicht mehr, da aus ihnen das Kreuz gemalt ist). Man bringt alte Omas über die Straße – obwohl sie gar nicht wollen; man ist nett zu seiner kleinen Schwester – obwohl man selbst nicht will; oder ..., na ihr wisst ja, man versucht gut zu leben.

Ist das gut? Natürlich! Gefällt dies Gott? Ich denke schon. Aber... es reicht nicht. Da ist ein Problem: Etwas trennt uns von Gott (Querbalken malen), nämlich die Sünde. Was ist das nun wieder? Nun: Gott ist perfekt. Aber wir, wir tun viele Dinge, die Gott nicht so gefallen: Lügen, schlagen, oder... sagen: „Nein, mit Gott will ich nichts zu tun haben."

Um Gottes Freund zu sein, müssen wir ohne diese Sünde kommen, aber das geht nicht. Keiner ist perfekt! Wir kriegen das nicht hin. Das ist traurig, auch für Gott. Deshalb überlegte er sich etwas. Er sagte: Ich werde meinen Sohn Jesus auf die Welt senden (Pfeil nach unten malen). Dieser Jesus Christus lebte auf der Erde, erzählte den Menschen von Gott, machte sehr viele Menschen gesund und... wurde von ihnen an ein Kreuz genagelt (Kreuz malen, hier nur angedeutet). Obwohl er nie etwas Falsches getan hatte, hassten ihn die Menschen so sehr, dass sie ihn umbrachten. Aber, seht ihr das, nun ist der Weg frei zu Gott. Eigentlich sollten wir bestraft werden, für die Sünde, die wir getan haben. Aber Gott bestrafte ihn an unserer Stelle. Wenn ich nun zu Gott bete und sage: „Ich glaube, dass dein Sohn Jesus Christus für mich gestorben ist. Vergib mir, was ich falsch gemacht habe und lass mich dein Freund sein", dann kann ich tatsächlich sein Freund sein.

Und es gibt noch eine gute Nachricht: Gott hat nämlich seinen Sohn wieder lebendig gemacht. Jesus ist jetzt wieder bei Gott. Wenn du das glaubst, dann ist „ich" nicht mehr die wichtigste Person, sondern „Gott". Denn Gott, der ist echt klasse, dass er solche Sachen tun kann! Willst du sein Freund sein? Er wartet auf dich! Fertiges Bild:

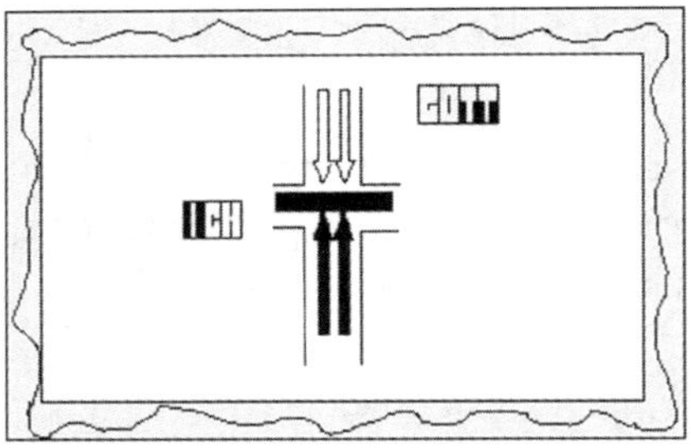

Natürlich kann man auch ganz andere Geschichten erzählen. Manchmal malt man viel, manchmal benutzt man mehr Worte. Auf jeden Fall ist dies eine sehr faszinierende Methode. Wer unser Material benutzt, wird öfters mit dem Sketchboard konfrontiert werden.

Mit dem Sketchboard können auch Bibelverse gelernt werden. Zum Beispiel hat man lauter leere Kästchen auf dem Papier, die einmal den Bibelvers ergeben sollen. Nun kommen zwei Kinder nach vorne, die abwechselnd einen Buchstaben nennen. Kommt der Buchstabe darin vor gibt es einen Punkt für das Kind, kommt er zwei Mal vor, gibt es zwei Punkte usw. Wer am Schluss die meisten Punkte hat, gewinnt.

Eine vollständige Bauanleitung eines Sketchboards finden Sie im Anhang. Hier noch einige zusätzliche Details: Es sollte aus möglichst hartem **Holz** gebaut werden, um zu verhindern, dass es ständig Schrammen abbekommt. **Papier** bekommen wir recht günstig bei dem Druckhaus, das unsere Tageszeitung druckt. Besser noch als Tageszeitungspapier ist übrigens Zeitschriftenpapier. Die Farbe hält darauf besser. Man fragt beim Druckhaus nach so genannten Restpapierrollen. Es ist meistens noch recht viel Papier auf der Rolle drauf und man bekommt es sehr günstig.

Fragen Sie erst nach den gängigen Papiergrößen in Ihrem Druckhaus, bevor Sie die Tafel bauen. Dies ist bei verschiedenen Druckhäusern recht unterschiedlich.

Als Farbe benutzen wir ganz normale Dispersionsfarbe (Vollton- und Abtönfarbe, die in alle gängigen Baumärkten angeboten wird), die mit etwas Wasser verdünnt wird, so dass sie gut zu malen ist, aber nicht verläuft.

Als Pinsel nehmen wir hochwertige Flachpinsel, da man damit sowohl schmale als auch breite Flächen realisieren kann.

Wer mehr wissen will, ein gebautes Sketchboard kaufen möchte und sonst noch Informationen braucht: Unter www.oac-d.de ist die Homepage des deutschen Zweigs der Open Air Campaigners zu finden. Es lohnt sich, da mal reinzuschauen.

3_GEGENSTÄNDE

Mit etwas Fantasie kann man über Taschenlampen, ausgelatschte Schuhe oder Hängematten reden. Ein passender Gegenstand ist immer ein guter Aufhänger. Wir benutzen sie sehr oft am Schluss der Botschaft, damit diese eine Sache, die wir rüberbringen wollen noch einmal verstärkt wird.

Aber auch biblische Geschichten können mit Gegenständen erzählt werden. Die Geschichte von der Erwählung Davids haben wir mit russischen Matroschkas erzählt, die wie die letzten zehn Herrscher Russlands angemalt waren (Matroschkas sind geschnitzte Holzfiguren, die innen hohl sind und bei denen immer eine kleinere in der nächst größeren Figur versteckt ist). Nach und nach zogen wir also immer einen der Brüder Davids aus dem Bauch seines Vorgängers.

4_FLANELLBILDER

Zu Anfang benutzten wir nie Flanellbilder, da man uns, zumindest die von uns, die christlich erzogen wurden, unsere ganze Kindheit über mit Flanellbildern überschüttet hatte. Flanellbilder waren zu Anfang unserer stoffi_KIDSCLUB

Arbeit so etwas wie unser Feindbild und Synonym für langweilige Kinderstunden. Mittlerweile benutzen wir selbst manchmal Flanellbilder. Der Vorteil ist: genau wie das Sketchboard kommen Flanellbilder nirgends „in der Welt" vor. Kaum ein Nichtchrist kennt sie und so ist es doch für viele Kinder sehr verwunderlich, wie denn diese Figuren an der Tafel haften bleiben.
Entscheidend ist, dass man möglichst große Bilder und bunte Hintergründe findet. Es ist ein großer Unterschied, ob Figuren an einer schwarzen Tafel hängen oder ob sie auf einer grünen Wiese stehen. In Deutschland findet man Flanellbilder bei www.keb-de.org und passende, universell einzusetzende Hintergrundbilder für verschiedenste Geschichten, unter www.glaubenszentrum.de/shop/index.html?flanellbilder.htm.

5_PUPPENTHEATER

Statt der HELLERBERG:GÄNG (siehe oben) eine biblische Geschichte mit den Handpuppen zu spielen, ist eine gute Abwechslung.

6_BILDMATERIAL

Auf OHP-Folie oder als Dias kann man sich Bilder entweder selbst zusammenstellen oder auch bei Stellen wie der Evangelischen Medienzentrale ausleihen. Dort sind dann auch oft noch Kassetten oder CDs mit Begleittexten dabei. Leider sind einige dieser Materialien sehr veraltet oder einfach für ein anderes Alter gedacht. Aber man findet manchmal richtig gute Produkte.

In geschlossenen Räumen gebrauchen wir gerne auch meditative Elemente. So haben wir einmal mit ruhiger Musik im Hintergrund den Psalm 139 gelesen und dazu verschiedene Naturszenen aufgelegt. Dias wirken noch besser als OHP-Folien, weil die meisten Kinder sonst ganz selten Dias sehen. Auch das Verdunkeln des Raumes trägt dazu bei, dass davon eine ganz besondere Faszination ausgeht. Einmal haben wir eine Weihnachts-Diaserie, die aus einfachen Bilderbibel-Bildern bestand, gemischt mit krassen Dias, die einmal ein Reporter in unserem Stadtteil fotografierte. Er hatte Punks in besetzten Häuser und chaotische Szenen geknipst. Mit dem passenden Text dazu und der richtigen Musik ergab dies eine ganz spannende Sache. Mit den Dias aus der Kinderbibel konnte man die Geschichte erzählen, während die aktuellen Bilder die Botschaft in die Gegenwart übersetzten.

7_ILLUSIONSTRICKS

Illusionstricks, im Volksmund Zaubertricks, sind ein Stilmittel, das die Kinder fasziniert und das sie noch stundenlang beschäftigen kann („...wie ging das bloß?") Dadurch kann die Anwendung noch lange hängen bleiben. Wichtig ist, dass man das Ganze nicht mystisch verpackt, sondern klar macht, dass dies ein Trick ist, keine Zauberei.

Es kann manchmal passieren, dass der Trick die Botschaft überdeckt, d. h. die Botschaft wird wegen der Faszination des Tricks übersehen. Ein weiterer Nachteil ist natürlich, dass man diese Tricks nicht oft benutzen kann. Wenn man den Trick vorgeführt hat, war es das erst einmal für dieses Jahr.

Wir benutzen Tricks vor allem bei außerplanmäßigen Programmen, wie Schuleinsätzen, Straßenfesten etc., da wir dann immer ein neues Publikum vor uns haben. Tricks, bei denen die Erklärung der christlichen Botschaft gleich mitgeliefert wird, gibt es zum Beispiel bei www.kingskids.de zu bestellen. Eine größere Auswahl, allerdings in Englisch, findet man bei www.onewaystreet.com. Dazu gibt es im Internet noch zahlreiche andere „Zauberläden", bei denen es Tricks zu erwerben gibt. Die Botschaft muss man sich dann aber selbst ausdenken (z.B. www.jedinat.de; www.zauberzentrale.de).

Noch ein Tipp: Wer einen Chemiefreak als Mitarbeiter hat, sollte das natürlich nutzen. Mit ein paar Pülverchen kann man nämlich schon sehr beeindruckende Illustrationen zum Besten geben.

8_FILME

Ist man im Besitz eines Videobeamers, ist es interessant, Filmausschnitte zu zeigen. Wichtig finde ich, dass man nur sehr selten komplette Filme zeigt, sonst zerstört die Spieldauer des Filmes den Charakter des Kidsclubs.

Man kann sowohl Ausschnitte aus Zeichentrickfilmen wie „Der Prinz von Ägypten" zeigen oder auch Szenen aus ganz anderen Filmen, die nur zur Veranschaulichung dienen (zum Beispiel die Mutprobe aus „Das fliegende Klassenzimmer", in der ein Schüler mit vielen Ballons davonfliegen will, aber dann abstürzt – „Was passiert, wenn wir Kinder hänseln?" oder „Woran hältst du dich fest?").

9_PERSÖNLICHE LEBENSBERICHTE

Wir benutzen gerne solche Berichte zum Abschluss einer Lektion. Man kann damit wirkungsvoll ausdrücken: das, was wir gerade gehört haben, funktioniert tatsächlich! Ich habe es selbst ausprobiert! Wichtig dabei ist, dass auch bei einem Lebensbericht irgendetwas passieren muss. Entweder bringt man einige Gegenstände mit, die mit der Geschichte zu tun haben, oder man gestaltet es in Form eines Interviews. Es gibt keinen schlechteren Abschluss als einen Mitarbeiter, der lang und breit ohne Hilfsmittel einen Monolog hält. Aber es gibt nichts Besseres als einen knappen, packenden Bericht, bei dem man merkt: Gott ist real. Er ist da – und will auch was mit mir zu tun haben.

Natürlich gibt es noch andere Methoden und Mischformen der oben genannten Elemente. Eines muss aber ganz klar sein: es geht nicht um die Methoden, sondern um die Botschaft. Wir sollten überzeugt sein: das was wir heute erzählen, ist ganz entscheidend für das Leben der Kinder. Sonst brauchen wir gar nicht damit beginnen. Allerdings nützt die beste Botschaft nichts, wenn keiner aufpasst. Deshalb: Nie eine Botschaft ohne Veranschaulichung! Die Kinder müssen irgendetwas sehen, riechen, schmecken, fühlen oder hören können.

M_LIED UND PARALLEL MÖGLICHKEIT ZUM GESPRÄCH MIT EINEM MITARBEITER

Nach der Botschaft geben wir immer die Möglichkeit zum Gespräch. Wir singen an dieser Stelle meistens ein ruhiges Lied, um die Botschaft nicht zu überdecken. Leider haben wir nicht immer ein passendes Lied. Aber ein Lied, das zum Gebet anregt oder in sich ein Gebet ist, ist an dieser Stelle nicht verkehrt.

Die Kinder müssen nicht unbedingt aufstehen. Es ist schön zu sehen, wenn ein Kind an dieser Stelle ganz still mit geschlossenen Augen da sitzt. Allerdings darf auch in dieser Zeit kein Kind stören, sonst platzt trotz aller Andacht ein Ballon.

Zu Beginn und oft auch während des Liedes sagen wir ungefähr Folgendes an: „Wer jetzt über...(je nachdem, was gerade behandelt wurde) mit einem Mitarbeiter reden oder beten will, kann das jetzt tun. Du erkennst die Mitarbeiter an ihren stoffi_KIDSCLUB T-Shirts. Vielleicht möchtest du auch über etwas anderes mit uns reden oder für etwas beten. Jetzt ist die Zeit dazu. Während wir das Lied singen, gehst du einfach ganz still zu einem Mitarbeiter. Die anderen Kinder singen jetzt mit mir das Lied..."

Manchmal wird diese Möglichkeit von den Kindern nicht genutzt, manchmal kommen viele. Open-Air trauen sich bei uns weniger Kinder zu einem Mitarbeiter als in geschlossenen Räumen. Manche Kinder erzählen einfach irgendetwas, was sie erlebt haben, andere wollen Christen werden. Es ist ganz unterschiedlich. Entscheidend für das Gespräch ist die Anfangsfrage, die der Mitarbeiter stellt: Warum bist du gekommen?

Es könnte nämlich durchaus sein, dass wir denken, dass Kind wurde logischerweise so sehr von unserer Botschaft angesprochen, dass es seine ganzen Sünden beichten möchte. Dabei möchte es nur von seinem kranken Kaninchen erzählen. Das ist bei Kindern ganz normal und deshalb ist es wichtig, erst einmal gar nichts vorauszusetzen.

Es sollte klar sein, dass kein Mitarbeiter mit einem Kind rausgeht oder sich in irgendeiner Ecke verkriecht. Für die anwesenden Erwachsenen muss ersichtlich sein, dass hier nichts Komisches oder gar Gefährliches läuft. Deshalb sollte man auch darauf achten, wie man mit den Kindern redet und betet. Es sollte alles auf eine normale Art und Weise geschehen. Natürlich kann man das Kind in den Arm nehmen, wenn es passt – wobei es im Normalfall wirklich nicht passend ist, wenn ein Mann ein 13-jähriges Mädchen umarmt. Auch von Handlungen, die ziemlich mystisch aussehen, sollte man Abstand halten.

Wenn man trotzdem ein Kind mit Öl salben will oder sonst irgendetwas Außergewöhnliches angebracht zu sein scheint, muss man das mit dem Erziehungsberechtigten absprechen, sonst kommt schnell die ganze Arbeit ins Gerede. Für den Heiligen Geist ist es schließlich egal, wie wir etwas tun. Er sieht auf das Herz.

N_SCHLUSSSEGEN UND BALLONKONTROLLE

Wenn das letzte Lied gesungen ist, stehen wir alle auf, fassen uns an den Händen und sprechen zusammen den Segen, der entweder auf Pappe oder einer OHP-Folie aufgeschrieben ist. Dies ist ein Zeichen der Einheit untereinander und für viele Kinder ist es eine sehr wichtiges Ritual, diesen Segen zu sprechen. Außerdem wollen wir den Kindern damit sagen: „Auch wenn jetzt der KIDSCLUB zu Ende geht, Gott ist immer bei dir!" Der Text des Segens, den wir sprechen, lautet:

Der gütige Gott sei vor dir,

um dir den richtigen Weg zu zeigen.

Er sei neben dir,

um dich in die Arme zu schließen und dich zu schützen.

Er sei hinter dir,

um dich zu bewahren vor allem Bösen.

Er sei unter dir,

um dich aufzufangen, wenn du fällst.

Er sei in dir,

um dich zu trösten, wenn du traurig bist.

Er sei um dich herum,

um dich zu verteidigen vor dem Überfall.

So segne dich der gütige Gott.

Amen

Immer wieder erklären wir, was eigentlich ein Segen ist und warum wir diese Sätze sagen. Danach wird kurz geschaut, wie es um die Ballons steht. Wenn tatsächlich alle Ballons auf einer Seite geplatzt wurden, dann gibt es keinen Kuchen für diese Seite. Hier ist Konsequenz gefragt, aber auch Fingerspitzengefühl beim Platzen lassen. Wenn noch mindestens ein Ballon übrig ist, gibt es jetzt oder nach der Gruppenarbeit Kuchen.

O_GRUPPENGESPRÄCHE

Die Gruppen sind uns deshalb wertvoll, weil das einzelne Kind in der großen Masse schnell untergehen kann. Besonders die stilleren, unauffälligen Kinder finden sonst zu wenig Beachtung. Die Gruppen werden eher nicht von den Mitarbeitern des Programmteams betreut, sondern speziell von denen, die sich vor Ort für die Kinder zuständig wissen, dem Stadtteilteam.

In der Gruppe wollen wir das Thema vertiefen, beten lernen und Beziehungen bauen. Als Arbeitsgrundlage haben die Gruppenleiter immer ein oder zwei ausgearbeitete Vorschläge, aber die muss man nicht unbedingt durchführen. Die Gruppen sind sehr unterschiedlich und variieren von Gruppenleiter zu Gruppenleiter stark.

In manchen Gruppen führen wir eine Art Glaubensgrundkurs durch. In der einen Gruppe haben wir immer eine kleine Lobpreiszeit. In wieder anderen Gruppen bekommt jeder eine Kinderbibel, um den Text aus der gehörten Geschichte zu lesen.

Wenn man eine Gruppe leitet, die nach dem Programm einfach nicht mehr stillsitzen kann, darf man sich auch keine Gewissensbisse machen. Dann steht eben öfter nur ein Spiel auf dem Programm und das reicht auch. Schließlich haben sie bis dahin schon viel gehört.

Wir unterteilen die Kinder in mindestens fünf Gruppen: Kinder (gemischt) bis 5 Jahre, Mädchen von 6-8 Jahren, Jungen von 6-8 Jahren, Mädchen ab 9 Jahren, Jungen ab 9 Jahren. Allerdings lassen wir das die Kinder nicht so genau wissen, weil wir die Kinder dann auch in die größere oder kleinere Gruppe einordnen können, wenn wir den Eindruck haben, dies wäre ihrem Entwicklungsstand angemessener. So haben wir noch ein bisschen Spielraum in der Zusammensetzung der Gruppe. Außerdem wollen wir die Gruppen immer für ein Schuljahr zusammen lassen, so dass sich die Gruppenzusammensetzung nicht bei jedem Geburtstag verändert.

Wenn irgend möglich, soll die Gruppe aber zumindest zwei Bestandteile enthalten: Vertiefung des Themas und gemeinsames Gebet.

Beim Gebet sollte man darauf achten, kreativ zu sein, so dass keiner sich gezwungen fühlt, aber jeder ermutigt ist, ein Gebet zu sprechen. Eine Form wäre zum Beispiel, dass die Kinder im Kreis sitzen und sich an den Händen halten. Jeder, der dran ist, betet laut oder leise oder gar nicht und drückt seinem Nachbarn die Hand, wenn er fertig ist. So geht es reihum. Kinder beten oft mit viel mehr Vertrauen, als wir Erwachsenen. Manche Gebete würden wir selbst nie sprechen. Aber lassen Sie es zu! Gott erhört gerade die Gebete von Kindern, weil sie im Glauben beten. Einschreiten sollte man aber, wenn man merkt, dass ein Kind das Gebet ins Lächerliche zieht.

Ansonsten ist diese Zeit von besonderer Bedeutung, denn hier können sie selbst Erfahrungen mit Gott machen. Wunder, die sie hier erleben, werden sie ihr ganzes Leben nicht mehr vergessen.

Am Ende der Gruppe wird dann der Kuchen verteilt. Schön ist es natürlich, wenn es auch etwas zu trinken gibt. Eine Bäckerei schenkt uns jeden Abend den restlichen Kuchen, der nicht verkauft wurde. Fragen Sie bei Ihrem Bäcker nach. Viele sind froh, wenn sie nichts wegwerfen müssen, sondern die Reste noch für einen sinnvollen Zweck einsetzen können.

Wenn wir einen Kidsclub in einem neuen Stadtteil starten, machen wir erst noch keine Gruppenarbeit, denn für die Gruppen ist es nötig, dass die Kinder und die Eltern uns kennen und vertrauen haben. Wir führen sie ein, wenn wir merken, jetzt wäre es wichtig. Ein guter Zeitpunkt für uns ist, wenn wir eine Sommersaison lang im Freien waren und dann in die Schule wechseln. Jede Gruppe kann sich in ein anderes Eck oder Klassenzimmer verkrümeln und hat so seine Ruhe. Im Park ist die Ablenkung wesentlich größer.

So eine Gruppe zu leiten ist mindestens genauso anspruchsvoll und bedeutsam, wie vorne zu stehen und zu allen Kindern zu sprechen. Gerade in der Gruppe kann viel Positives passieren. Diese Chance sollten wir nicht verpassen.

P_ANWESENHEITSLISTE

Wir besitzen einen Rucksack, der wie ein Briefkasten aussieht. In diesen Briefkasten kommen alle ausgefüllten Anwesenheitszettel. Auf den Zetteln steht nur: Vorname und Nachname, sowie Straße und Hausnummer. Von vorne wird angesagt: „Wer auf unsere Anwesenheitsliste kommen will, der soll seinen Namen draufschreiben. Wer persönlich eingeladen werden will, der muss seine Straße und Hausnummer einschreiben."

Es muss klar sein, dass man das nicht machen muss. Dann kann man auch den Eltern, die kritisch an der Haustüre fragen: „Woher haben sie unsere Adresse", eine seriöse Antwort geben. Fast alle Kinder füllen aber diesen Zettel komplett aus. Nur manchmal kommt es vor, dass Name oder Adresse falsch oder so unleserlich ausgefüllt sind, dass wir das Kind nicht finden.

Am besten macht man die Anwesenheitsliste am Ende der Veranstaltung, wenn man aber in einem Gebäude ist und am Ende Gruppenarbeiten durchgeführt werden, kann es auch sinnvoll sein, am Anfang die Anwesenheitsliste zu machen, denn man vergisst es sonst leicht.

Q_SPIELZEIT MIT DEN KINDERN UND ABBAU

Nach dem Programm spielen wir noch mit den Kindern. Das fördert die Beziehungen und macht Spaß. Manchmal hat man dabei auch die Möglichkeit, mit einzelnen Kindern oder auch mit Erwachsenen über das Programm zu reden. Diese Chance sollte man sich nicht entgehen lassen.

Wenn parallel schon einige Mitarbeiter abbauen, ist das auch hilfreich, damit man schneller fertig wird.
Eine Schlusszeit für die Spielzeit festzulegen ist wichtig, damit die Mitarbeiter und Kinder sich darauf einstellen können.

R_ABSCHLUSSGEBET MIT DEN MITARBEITERN

Ein ganz kurzes Feedback und eine abschließende Gebetsrunde, eventuell für bestimmte Kinder, beschließen das Programm.

Zwei gute Freundinnen
Es geht zuerst um jedes einzelne Kind und nicht um die Show

12 Wo könnten wir noch auftreten?

Verbrauchermesse, American Football-Spiel, Schuljubiläum, Freibad zum Ferienbeginn, Stadtfest, Kinderweihnachtsfeier einer Firma (beim Chip-Hersteller Infineon), Osterprogramm in Grundschulen - das sind einige Gelegenheiten, zu denen wir aufgetreten sind.

Es gibt so viel zu tun. Deshalb haben wir uns gesagt: Wir wollen dahin gehen, wo sonst keine Christen präsent sind.

Hier einige Tipps:

A. Stadtteilfeste, Messen etc.

Wenn im Stadtteil, in dem man arbeitet, ein Fest ansteht, dann sollte man dabei sein. Warum nicht mit dem Kinderprogramm, das man durchführt? Außerdem ist es unser Stadtteil, für den „wir zuständig sind", und auch eine gute Werbung („Und dasselbe Programm könnt ihr nächsten Mittwoch auch erleben").

Zu Messen und sonstigen Events kommt man eher über Beziehungen zu Event-Verantwortlichen (Auftritte bei der American Football-Bundesligamannschaft Dresden Monarchs haben wir dadurch bekommen, dass der verantwortliche Manager unser Programm von weitem gesehen und uns deshalb angesprochen hat).

Wichtig bei solchen Programmen ist: kurze überschaubare Einheiten. Kein Programm von einer Stunde, sondern eher jede Stunde 5-15 Minuten Programm. Wenn man vier verschiedene Programme vorbereitet hat, wiederholt man sich alle zwei Stunden und das dürfte akzeptabel sein. Dabei bringen wir die christliche Botschaft nicht im Block, sondern an zwei oder drei Stellen durch das Programm verteilt.

Gerade wenn man von einem säkularen Veranstalter engagiert wurde, sollte man auch bedenken, dass diese nur die gute Show interessiert. Die biblische Botschaft wird er wahrscheinlich nicht unbedingt wollen. In so einem Fall muss man sich genau überlegen, wie die Gewichtung zwischen Verkündigung und Show aussieht.

Zwischendurch kommt immer wieder Werbung für unsere regelmäßigen Veranstaltungen. Die, die weggehen, bekommen einen Flyer, am besten von einem Clown in die Hand gedrückt. Man muss eben immer damit rechnen, dass die Leute nicht so lange stehen bleiben und dementsprechend muss das Programm gestaltet sein.

Ein Programmablauf für ein Straßenfest könnte zum Beispiel so aussehen:
- Wettspiele, so lange bis genügend Publikum gekommen ist
- Puppentheater als Einleitung für den folgenden Trick (4 Min.)
- Illusionstrick mit biblischer Botschaft (3 Min.)
- Clownnummer als Einstieg für die folgende Geschichte (2 Min.)
- Sketchboardgeschichte aus der Bibel (5 Min.)

Da man oft Mühe hat, die Passanten zum Stehen bleiben zu bewegen, haben wir uns angewöhnt, zu Anfang so lange Aktionsspiele durchzuführen bis genügend Kinder da sind. Während dieser Zeit kann dann nämlich der Clown herumlaufen und Kinder einladen. Es ist immer leichter, die Leute zu einem Programm einzuladen, das schon läuft.

B. GRUNDSCHULPROGRAMME

Weihnachten ist die Möglichkeit, um die christliche Botschaft an den Mann zu bringen. Mehr als zu jeder anderen Jahreszeit hört man uns zu. Außerdem wissen, laut einer Umfrage des Jugendforschungsinstituts „ikonkids and youth" 39 % (im Osten 54 %) der deutschen 6-12-jährigen nicht mehr, was der eigentliche Grund für Weihnachten ist.[7] Wenn das keine Lücke in der Allgemeinbildung darstellt!

Wir freuen uns immer riesig, wenn wir die Chance haben, einer ganzen Grundschule zu erzählen, was mit „Frieden auf Erden" gemeint ist.

In Grundschulen muss das Programm natürlich ein bisschen anders aussehen als im normalen stoffi_KIDSCLUB. Dort kommen wir immer als Showprogramm. Wir treten meistens sogar im Anzug bzw. Kleid auf. Manchmal haben wir auch verschiedene Rollen: Einer im Anzug, eine Andere als Schulkind und der Dritte irgendwie weihnachtlich.

Oft führt eine Puppe durch das Programm, danach singen wir ein allgemein bekanntes Weihnachtslied (das sind ja die einzigen christlichen Lieder, die noch bekannt sind). Puppen spielen einen Teil der Weihnachtsgeschichte, unterbrochen mit einigen Illusionstricks. Zusätzlich lernen wir den Kindern noch ein neues Weihnachtslied mit Bewegungen, das ganz zum Schluss des Programmes wiederholt wird.

[7] Umfrage des Münchner Jugendforschungsinstituts „ichonkids & youth" unter 700 6-12-jährigen vom Dezember 2002 (Quelle: www.epv.de)

Was darf man eigentlich in Schulen erzählen? Von Julian Wolton, der seit vielen Jahren im Rahmen von OM im Großraum Birmingham, England, solche Programme durchführt, habe ich folgenden Tipp erhalten. Er sagt:

Es gibt drei Grenzen, innerhalb deren wir alles sagen können:
1. Christen glauben Folgendes: ...
2. In der Bibel steht: ...
3. Ich habe folgendes erlebt: ...

Dies sind sehr gute Leitplanken, auf die hin wir unser Programm abklopfen sollten. Denn sie sind nicht anfechtbar. Wenn wir nur Dinge behaupten, wird es schwierig. Wenn wir aber sagen können: „In der Bibel steht", dann ist es eine informative Angelegenheit. Man kann es glauben oder auch nicht, aber objektiv stimmt: „In der Bibel steht es drin." Es ist sinnvoll, innerhalb dieser Grenzen bleiben.

Noch eine Anmerkung zum Punkt „Christen glauben Folgendes": Natürlich findet sich für jede unmögliche Meinung irgendein Geistlicher, der sie vertritt. Es gibt aber allgemeine Lehren, wie sie im Glaubensbekenntnis stehen, die zumindest in der Theorie von allen christlichen Kirchen anerkannt werden. Und so kann ich zum Beispiel sagen, dass Christen glauben, Jesus wurde von einer Jungfrau geboren.

So schreiben wir jedes Jahr im Sommer die Dresdner Schulen an, um ihnen ein Weihnachtsprogramm anzubieten. Zusätzlich schicken wir Emails an Bekannte, um sie aufzufordern, den Schulleitern, die sie persönlich kennen, das Programm anzubieten. Das ist am wirkungsvollsten.

Wenn man einmal einen gewissen Bekanntheitsgrad erreicht hat, passiert auch vieles durch Mund-zu-Mund-Propaganda.

C. SCHWIMMBAD

Eine ganz besondere Gelegenheit ist das Schwimmbad. Dort sind viele Kinder und sie wissen oft nicht, was sie den ganzen Nachmittag tun sollen.

Die Bademeister sind nicht selten erfreut darüber, wenn es mal eine Attraktion zu bieten gibt, und wenn man sich gut mit ihnen versteht, sagen sie das Programm sogar über die badeeigene Verstärkeranlage an.

Während man bei einem Volksfest auf jeden Fall eine Verstärkeranlage braucht, kann man im Schwimmbad, wenn man möchte, das Programm auch ganz klein aufziehen. Man spielt mit den Kindern ein paar Schwungtuchspiele und setzt sich dann darauf, um ihnen kurz eine Botschaft zu bringen. Man lernt ihnen ein Lied, erzählt ihnen eine Geschichte, eventuell noch eine Gegenstandslektion oder einen Trick, wiederholt das Lied und fertig. Dort hat man sogar die gute Chance noch ein wenig persönlich mit einzelnen Kindern zu reden. Das Ganze kann man sogar noch ein oder zwei Mal wiederholen, wenn man genügend Material auf Lager hat – schließlich werden dieselben Kinder wiederkommen. Wenn man dies eine Woche lang durchzieht, hat man eine sehr schöne Kinderwoche mit überschaubarem Aufwand und vielen Gästen – falls das Wetter mitspielt.

Wir fahren mit unserem stoffi_HÄNGER ins Schwimmbad. Das ist eine noch größere Attraktion, aber wie gesagt: so groß muss es nicht immer sein.

13

Jetzt geht's los!

Wer in Gottes Augen groß sein will, der soll allen anderen dienen, und wer der Erste sein will, soll sich allen anderen unterordnen. Auch der Menschensohn ist nicht gekommen, um sich bedienen zu lassen, sondern um zu dienen und mit seinem Leben viele Menschen aus der Gewalt des Bösen zu befreien."
Markus 10, 44-45 (Hoffnung für alle)

Ohne Glauben ist's unmöglich, Gott zu gefallen.
Hebräer. 11, 6 (Luther)

Sabine Ball, die Gründerin unserer Vereins stoffwechsel e.V., schärft uns immer wieder die zwei Dinge ein, die ihr am Wichtigsten sind: Dienen und Glauben.

Die erste große Herausforderung ist: Dienen. Es ist schwer, Diener zu finden. Nachdem im Sozialismus die „ehrenamtliche" Arbeit zum System gehörte, ist das Pendel nun in das Gegenteil ausgeschlagen. Um nur ein Beispiel zu nennen: ehrenamtliche Trainer zu finden, die ohne Bezahlung Sportgruppen trainieren, wird immer schwieriger. Etwas zu tun, für das man nicht bezahlt wird, scheint inzwischen für viele Menschen außerhalb des Denkmöglichen zu liegen.

Auf der anderen Seite haben gerade in Dresden viele Menschen gemerkt, wie gut so etwas tut. Als zur Jahrhundertflut im August 2002 ein großer Teil der Stadt von der Elbüberschwemmung bedroht wurde, waren beinahe alle Einwohner unterwegs. Jeder versuchte zu helfen, wo er konnte. Auch wenn es viele tragische Schicksale gab, war die Stimmung an vielen Plätzen sehr positiv. Wir arbeiteten und litten zusammen. Wenn im Radio durchgesagt wurde, wo noch Helfer benötigt werden, fanden sich dort innerhalb kürzester Zeit Hunderte oder sogar Tausende ein. Einer half dem anderen. Das hatte etwas von einer großen Familie.

Mittlerweile ist die Flut verschwunden und die Einstellung oftmals auch. Gut, offensichtliche Not in dieser Größenordnung gibt es bei uns nicht mehr. Aber Diener werden immer noch gebraucht, nicht nur für die 14 Tage einer Katastrophe, sondern auf Lebenszeit. Das ist es, was Jesus fordert. Beim Dienen handelt es sich nicht um eine besondere Form des Christentums oder um eine besondere Gabe, sondern entspricht dem tiefsten Wesen unseres Glaubens.

Am Anfang seines Briefes an die Römer stellt sich Paulus als „Knecht Jesu Christi“ vor, näher am Urtext wäre sogar der Begriff „Sklave“! Beruhigend, dass wir zuerst Diener von Jesus Christus sind. Wir sollen zwar den Menschen dienen, aber unsere Herren sind sie nicht. Wir dienen dem Herrn Jesus Christus. Er gibt uns unsere Aufgaben und zahlt uns auch unseren Lohn. Dadurch sind wir unabhängig von der Welt und können „Nein“ sagen, wenn wir wissen: das ist nicht meine Aufgabe.

Diener zu sein bedeutet, unter schwierigen Bedingungen zu arbeiten und mitunter auch ohne ein „Dankeschön“ zu bekommen. Doch es ist es eine befriedigende Aufgabe. Im Dienen lernen wir Dankbarkeit und Zufriedenheit. Wer immer bestimmt, ist meistens ein unglücklicher Mensch, aber ein Diener, der seinem Herrn Jesus Christus dient, lernt Zufriedenheit.

Der Dienst von Jesus Christus hatte ein Ziel, und zwar, mit seinem Leben viele Menschen aus der Gewalt der Bösen zu befreien. Dies ist auch unser Ziel. Es geht nicht darum, anerkannt zu werden. Es geht darum, sein Leben zu geben für die vielen Menschen, denen wir begegnen. Zu Jesu Zeiten wussten die meisten, so wie heute, nicht einmal, dass sie in der „Gewalt des Bösen“ sind.

Aber wir sind da, in unserem Stadtteil, um ihnen zu helfen. Wir können noch so tolle Shows präsentieren, aber die echte Veränderung, die Jesus fordert, werden wir nur als Diener erreichen.

Die zweite große Herausforderung ist: Glauben. Jeder Mensch, der von Gott gebraucht wurde, musste dieses Wesensmerkmal mitbringen. Manchmal muss man einfach den Schritt aufs Wasser wagen und beginnen, auch wenn noch nicht alles perfekt ist, noch nicht genügend Mitarbeiter dabei sind oder das Geld, menschlich gesehen, nicht reicht. Das ist genau der Punkt, an dem Glaube beginnt: zu vertrauen, dass aus diesem unvollkommenen Start etwas Großes für Gottes Reich geschehen wird.

Die Arbeit des stoffwechsel e.V. begann mit einer Rentnerin, die die Not in Dresden sah und sich sagte: „Hier muss jemand etwas tun!“ Damit beginnen die meisten Berufungen. Wenn man merkt: „Hier muss jemand etwas tun!“, dann ist das wahrscheinlich schon die Berufung. Es gibt Ausnahmen, aber wenn Ihnen eine Sache wirklich wichtig wird und Sie ständig daran denken, dann ist dies sehr wahrscheinlich Gottes Ruf an Sie. Wenn Sie sich nicht ganz sicher sind: Probieren Sie es aus! Machen Sie einen ersten Schritt und Sie werden sehen, ob das Wasser Sie trägt oder ob Sie versuchen, auf dem falschen See zu gehen. Diese Rentnerin, Sabine Ball, kam mit 1500 $ in der Tasche in Dresden an und mietete einen ehemaligen Schnapsladen. Keiner in

Dresden kannte sie. Sie hatte nicht viel Geld, aber viel Glauben und die feste Gewissheit, dass Gott mit ihr ist.

Stoffwechsel e.V. ist nicht über Nacht gewachsen. Oft merkt man nicht einmal, dass etwas geschieht. Manchmal scheint die Arbeit mehr rückwärts als vorwärts zu gehen. Aber nach über einem Jahrzehnt schauen wir zurück und staunen, was Gott getan hat.

Glaube ist nicht ein Gefühl für einen Moment. Wahrer Glaube ist geduldig. Er ist auch noch da, wenn man einige Jahre hart arbeitet und nichts sieht. Aber dann, auf einmal, kann man die Früchte erkennen. Die wahren Glaubenshelden sind die, die über Jahre treu geblieben sind. Diesen beharrlichen Glauben wünscht sich Gott. Wir sind dankbar für die Leute, die uns diesen Glauben vorgelebt haben. Jetzt sind wir dran, an unserem Platz Gottes Reich im Glauben zu bauen. Wir im stoffwechsel und Sie auch!

Wir sind da um zu dienen
Renate Krehl beim reparieren eines Fahrrads

ANHANG

A. DREI STOFFI_KIDSCLUB-PROGRAMME ALS STARTHILFE

(MP3's und Texte der Puppentheater, weitere Programme (inklusive Gruppenarbeiten) zum Download unter www.stoffwechsel.com)

B. SKETCHBOARD-BAUPLAN

C. FLYER VOM stoffi_KIDSCLUB

A_ DREI stoffi_KIDSCLUB-PROGRAMME ALS STARTHILFE

LEKTION 1_

THEMA_

WOHIN GEHT DIE REISE? GOTT IST BEI DIR – AUCH IN DEN FERIEN

Ziel

Zielgedanke: Gott ist bei dir – auch wenn kein Kidsclub ist.

Gedanken zum Thema

Gedanken zum Thema: Ferien!! Endlich ist es soweit. Manche Kinder fahren in den Urlaub. Einige Kinder verbringen die Ferien zu Hause oder bei Oma und Opa. In den Ferien macht auch der Kidsclub Pause. Wie wollen den Kindern Mut machen, sich auch oder gerade in dieser Zeit selber auf den Weg mit Gott zu machen. Der Kidsclub stellt für manche vielleicht die einzige „christliche" Verbindung dar. Gott ist trotzdem da. Mit Gott kann man sprechen, auch wenn man zu Hause ist. Gott kann man erleben, auch wenn man in den Urlaub fährt. „Hab Mut, sei stark, denn der Herr dein Gott ist mit dir..." Das hat Gott zu Josua gesagt. Hab Mut, sei stark, dass wünschen wir den Kindern auch in den Ferien!

Ablauf

Ablauf:

- **Countdown** *(mit erhobenen Händen von 10 auf 0 zählen)*
- **Lied** _Schön, dass du da bist
- **Special** anstelle des Clowns (oder zusätzlich):

Spe-cial

Theaterstück Tante Olgas Kramladen (Material für Tante Olgas Kramladen: Koffer, verschiedene Gegenstände zum in den Koffer packen, Anzug)

Tante Olga steht im Laden vor einem aufgeklappten Koffer. Beim Erzählen packt sie die ganze Zeit ihre Gegenstände aus dem Regal in den Koffer und wieder zurück.
<u>Olga</u>: „Habt ihr das auch im Radio gehört? Dieses Jahr wollen ganz viele Leute nach Mallorca fahren. Dabei ist es in ...*(Dresden)* eigentlich viel schöner, aber das wissen die alle nicht. Aber wenn so viele wegfahren, dann kommt ja kein Mensch mehr in meinen Laden, und keiner kauft mehr meine tollen Sachen. Oh weh, da bleibt mir nur noch eins: Ich muss auch nach Mallorca.
(räumt Zeug ein) Aber.... Mmmh, ich versteh' gar kein Mallorkinesisch oder was die da auch immer reden *(packt aus)*. Ach halt, wenn die Leute aus Deutschland hinfahren, dann können die doch deutsch. Na, dann geh ich doch *(packt ein)*.

Aber, die haben dort bestimmt ganz komisches Geld. Womöglich haben die gar kein Geld, sondern bezahlen alle mit Eiern. Und ich mag gar keine Eier, oh nein, ich bleib doch lieber hier *(packt aus)*.
Ach Quatsch, jetzt fällt's mir wieder ein: die haben doch dort auch Euro. Kein Problem!!!!! Aber ich hab gar keinen Badeanzug. Was soll ich in Mallorca ohne einen Itsibitsiteenieweeniehonolulu-strand-badeanzug. Nee, da kann ich nicht hin. Andererseits – eigentlich will ich ja meinen Laden dort aufmachen und nicht am Strand rumliegen. ... Ach, ich hab Angst!"

Stoffi (Clown) betritt den Laden
Stoffi: „Also Tante Olga, sag mal bist du durchgedreht? Ich hab dich schon die ganze Zeit durchs Schaufenster beobachtet. Und was seh ich? Die ganze Zeit packst du deinen Koffer ein, und wieder aus, und dann wieder ein, und dann schon wieder aus. Geht's dir nicht gut?"
Olga: „Ach weißt du Stoffi, ich will nach Mallorca, und dann will ich wieder nicht Mallorca, und dann will ich wieder ich weiß auch nicht so recht, ich glaub ich hab ein bisschen Angst."
Stoffi: „Dann bleib doch hier. Ich bleib auch hier."
Olga: „Aber dort kann ich ganz viel Geld verdienen!"
Stoffi: „Na dann fahr doch hin!"
Olga: „Aber ich hab doch Angst!"
Stoffi: „Na, dann bleib halt hier!"
Olga: „Aber ich will doch hin!"
Stoffi: „Dann fahr doch fort."
Olga: „Wie denn jetzt. Soll ich hinfahren, oder soll ich hier bleiben?"
Stoffi: „Na, ich hab doch gesagt: Bleib hier! Oder fahr hin, oder bleib hier, oder doch nicht?"
Olga: „Na, du bist mir ja ne tolle Hilfe! Und weißt du was? Ich hab noch nicht mal einen Badeanzug!"
Stoffi: „Na, wenn das alles ist? Da hab ich doch eine Idee."
Olga: „Na da bin ich aber gespannt."
Stoffi: *(hält einen Anzug hoch)* „Hier."
Olga: „Aber was is´n das?"
Stoffi: „Na ein Anzug."
Olga: „Aber ich brauch keinen Anzug, sondern einen BADEanzug. Wo man mit BADEN kann, capito?"
Stoffi: „Ach, damit kannst du auch baden!"
Olga: „Na, wenn du meinst. Dann fahr ich halt. Tschüss Kinder! Schade, dass ich euch nun nicht mehr sehe, aber vielleicht kommt ihr mich mal in Mallorca besuchen."

Spiel

- **Ansagen** *(neue Kinder begrüßen, 10x da-Liste, ...)*
- **Spiele** Flaschenstemmen

Ein Junge und ein Mädchen bekommen eine gefüllte Flasche. Sie muss mit ausgestrecktem Arm gehalten werden. Wer zuerst aufgibt, hat verloren.

Mutprobe
Ein Kind wird mit verbundenen Augen auf ein Brett gestellt. Zwei Mitarbeiter heben das Brett leicht an und wackeln, dann gehen sie langsam in die Hocke, um den Eindruck zu erwecken, dass das Kind sehr weit hochgehoben wird. Dann soll das Kind springen.

- **Lieder** _Wir werfen unsre Sorgen
  _Nichts kann uns trennen
  _Hab Mut, sei stark!
- **Ermahnung** *(Regel wiederholen, zum Zuhören animieren)*
- **Puppentheater** HELLERBERGGÄNG: „Big Joe haut ab“

Botschaft

- **Geschichte/Botschaft:** AnMutig wie Winnetou!

Mitarbeiter als Indianer verkleidet betritt die Bühne, während er die Josua-Geschichte erzählt, klebt ein zweiter Mitarbeiter die entsprechenden Flanellbilder auf die Flanellwand.
Seid gegrüßt! Nein, ich bin nicht Winnetou! Ihr kennt doch Winnetou?? Ich war letzte Woche auf der Felsenbühne in Rathen (Naturspielbühne) und hab mir Winnetou angeschaut.
Das war super! Wie der da herumgeritten ist, und wie mutig der war beim Kämpfen. Und so würdevoll und edel. Ich will auch so sein wie Winnetou. So mutig und so tapfer. Ich hab mich auch extra wie Winnetou verkleidet – glaubt ihr das macht mich dann auch mutig und stark??? Nein? Aber ich möchte doch gern so sein..., manchmal da bin ich nämlich ein echter Angsthase..., und manchmal bin ich auch gar nicht so mutig. Zum Beispiel, wenn mich jemand auslacht, weil ich an Gott glaube und mit ihm rede, oder wenn ich nicht mitmache beim Klauen oder Lügen. Dann sagen die anderen: „Du spinnst doch!“

Ich will euch mal von einem Mann erzählen. Dem ging es vielleicht auch manchmal so ähnlich wie mir. Der war kein Indianer und hatte sich auch nicht als Indianer verkleidet. Aber die Geschichte hat mir Mut gemacht als ich die mal gehört habe. Deshalb will ich die euch auch erzählen. Der Mann hieß JOSUA.

Josua gehörte zu dem Volk Israel und Mose war ihr Anführer. Josua ging häufig mit Mose mit, schaute zu was der so machte. Er war sozusagen Moses Helfer. Einmal stand das ganze Volk Israel vor einem Meer. Oh Mann, und sie wurden auch noch verfolgt. Zurück konnten sie nicht, weil sie sonst ihren Feinden direkt in die Arme gerannt wären, und rüber auch nicht, da sie keine Boote

hatten. Da betete Mose zu Gott und Gott sagte ihm, er solle seinen Stab zum Wasser ausstrecken. Das tat Mose auch. Er streckte seinen Stab aus, und da teilte das Wasser sich! Wow, einfach so und es entstand eine Strasse. Das ganze Volk ging schnell durch und alle waren gerettet. Mose hatte eine ganz besondere Beziehung zu Gott. Er redete oft und viel mit Gott und Gott sprach auch mit ihm. Das wusste Josua. Er bekam das ja mit. Er glaubte auch an Gott, aber so wie der Mose war er nicht.
Dann gab Gott dem Volk einen großen Auftrag. Sie sollten ein großes Land einnehmen und viele Völker besiegen, die ziemlich stark waren. Aber bevor sie in das Land einzogen, starb Mose – und Josua sollte Moses Nachfolger sein. Ächz, ein so ganzes Volk führen, Land einnehmen, kämpfen, und das alles ohne Mose, krass.
Heute ist zum letzten Mal Kidsclub vor den Ferien und erst nach den Ferien geht es weiter mit dem Kidsclub. Vielleicht fühlst du dich dann auch mal ganz allein mit deinem Glauben. Vielleicht wünschst du dir jemanden, der auch an Gott glaubt. Weißt du was? Gott hat zu dem Josua etwas ganz Ermutigendes gesagt - das lese ich euch jetzt mal vor:

Sei stark und mutig! Denn mit dir ist der Herr, dein Gott, wo immer du gehst! (Josua1,9) *(zweiter Mitarbeiter zeigt Bibelvers aufgemalt, etc.)*

Stark, oder? Der Josua brauchte keine Angst haben, denn Gott selber war bei ihm.
Gott ist dabei! Immer und überall!! Das gilt auch heute noch. Das gilt auch in den Ferien!
Josua hat sich auf Gott verlassen, und Gott war tatsächlich bei ihm, und hat ihm geholfen. Mose war zwar nicht mehr da, aber Josua konnte auch mit Gott reden, und Gott hat ihn stark gemacht.
Das Volk sollte eine Stadt einnehmen. Die hatte ganz dicke Mauern, und war gut befestigt. Aber Josua und das Volk hörten auf Gott und machten das was er ihnen sagte, und dann lies Gott die Mauern einstürzen. Rums, Peng, Krach, und sie konnten in die Stadt rein.

„Sei stark und mutig! Denn mit dir ist der Herr, dein Gott, wo immer du gehst!" (Josua1,9) Das hat Gott dem Josua versprochen, und er hat sein Wort auch gehalten. Seid stark und mutig, das wünschen wir euch auch für die Ferien. Hört auf Gott, redet mit ihm und vertraut auf ihn, wo auch immer ihr in den Ferien seid.

- **Gebet** *(wir bitten im Vorfeld zusätzlich einige Kinder, für Mitarbeiter zum Abschied zu beten)*
- **Lied** _Hab Mut, sei stark
- **Segen** *(regelmäßiges Segensgebet, auf OHP-Folie)*

LEKTION 2_

THEMA_

FUßBALL-EM* - WER SIEGT? DAS BÖSE ODER DAS GUTE?

FUßBALLERPORTRAIT VON ZÉ ROBERTO

Ziel

Zielgedanke: Deine Entscheidung ist wichtig!

Gedanken zum Thema

Gedanken zum Thema: Wie oft müssen wir uns am Tag für oder gegen etwas entscheiden. Manchmal wissen wir genau, was richtig wäre, aber trotzdem entscheiden wir uns für das andere. Auch Kinder müssen Entscheidungen treffen, die ihr Gewissen herausfordern. Was soll ich tun? Einerseits weiß ich, dass..., andererseits..., es machen doch alle..., es wäre so schön..., einmal ist keinmal..., ich bin doch kein Angsthase...

Ablauf

Ablauf:

- **Countdown** *(mit erhobenen Händen von 10 auf 0 zählen)*
- **Lied** _Peace like a river
- **Special** anstelle des Clowns (oder zusätzlich):

Special

Theaterstück Tante Olgas Kramladen
Die Geschichte von Rotkäppchen und dem bösen Wolf wird leicht verfremdet nachgespielt (Material: Duplo-Schokoladenriegel, Verkleidung für den bösen Wolf, Verkleidung für Stoffi(Clown-)mama *(am Besten auch ein wenig clownähnlich schminken)*, Wasserpistole, Verkleidung für den Jäger, Decke und „Bett".)

<u>Mutter</u> *zu Stoffi (Rotkäppchen)*: „Mein lieber Stoffi, du besuchst heute mal die Tante Olga! Die ist nämlich krank und ich habe ihr extra einen leckeren Kuchen gebacken. Aber pass auf Stoffi, geh ja nicht vom Weg ab und sag auch niemandem wo du hingehst. Im Wald ist nämlich der böse Wolf unterwegs und der ist sehr gefräßig. Also Stoffi: Bleib auf dem Weg und geh nicht in den Wald. Hast du gehört?"
<u>Stoffi</u>: „Jaaa, Mama." *(zu den Kindern gewandt)* „Immer diesen guten Ratschläge. Als ob ich nicht selber wüsste, was das Beste ist."
Auf dem Weg zu Tante Olga findet Stoffi ein Duplo am Waldrand. Er kämpft mit sich, ob er es aufheben soll und dafür ein wenig den Weg verlässt oder nicht. Er folgt schließlich dem Duplo. Dann sieht er noch etwas tiefer im Wald ein weiteres, und dann noch eins. Er hofft das Bild von Michael Ballack zu finden, aber überall ist nur der Klose drin! Der böse Wolf tritt dazu.

*hier kann man auch „WM" einsetzen oder einfach ein Spiel des lokalen Fußballclubs zum Anlass nehmen

<u>Wolf</u>: „Hallo Stoffi. Was machst du denn hier?"
<u>Stoffi</u>: „Oh, hallo, äh ich äh... Ich wollte meine Tante Olga besuchen, weil die nämlich krank ist, aber da hab ich all die schönen Duplos gesehen und bin ein wenig vom Weg abgekommen."
<u>Wolf</u>: „So, so die Tante Olga. Wo wohnt denn deine arme kranke Tante?"
<u>Stoffi</u>: „Dort drüben. Aber kannst du mir vielleicht verraten, warum in all meinen Duplos immer nur der Klose drinsteckt? Dabei hätte ich doch viel lieber den Michael Ballack."
<u>Wolf</u>: „Den Michael Ballack. So, so. Ja weißt du Stoffi, *(zeigt weit weg)* ganz dahinten hab ich einen großen Berg Duplos gesehen. Ich glaub, da war überall der Michael Ballack drin."
<u>Stoffi</u>: Was? Wie? Oh, da muss ich hin, ganz schnell muss ich da hin. Vielen Dank auch." *(Rennt davon. Der Wolf dreht sich zu den Kindern)* „Ha, ha, den hab ich aber ganz schön reingelegt. Und jetzt werde ich erstmal zu dieser Tante Olga gehen. Ich habe einen riiiiieeeesen Hunger!"

Wolf rennt zu Tante Olga, zieht sich eine zweite Clownsperücke auf und tut so, als ob er Stoffi ist. Tante Olga liegt im Bett. Der Wolf klopft.
<u>Olga</u>: „Bist du das Stoffi? Komm rein die Tür ist offen." *(Wolf stürzt sich auf Tante Olga. Sie schreit aus Leibeskräften. Wolf zerrt sie hinter die Bühne, zieht sich ihr Kopftuch auf und legt sich in Tante Olgas Bett. Stoffi kommt zum Laden.)*
<u>Stoffi</u>: „Mist, jetzt hab ich zwei Stunden nach diesen blöden Duplos gesucht, und was hab ich gefunden? Nüscht! Kein einziges winziges kleines Fussballduplo, geschweige denn den Michael Ballack. Oh, jetzt muss ich aber schnell zu Tante Olga. Die hätte ich fast vergessen." *(Klopft, geht hinein und sieht dann den verkleideten Wolf)*
<u>Stoffi</u>: „Oh, Hallo Tante Olga. Du siehst heute aber merkwürdig aus. Warum hast du denn so großen Augen?"
<u>Wolf</u>: „Damit ich dich besser sehen kann."
<u>Stoffi</u>: „Und warum hast du so große Ohren?"
<u>Wolf</u>: „Damit ich dich besser hören kann."
<u>Stoffi</u>: „Und warum hast du so einen großen Mund?"
<u>Wolf</u>: „Damit ich dich besser fressen kann!"
Wolf springt auf, Stoffi schreit und wird hinter die Bühne gezerrt. Wolf stopft sich ein Kissen unter den Mantel und legt sich zufrieden wieder in das Bett von Tante Olga.
<u>Wolf</u>: „Hm, war das lecker. Erst diese Tante und nun auch noch den komischen Clown, hä, hä, hää. Jetzt muss ich aber erstmal ein kleines Verdauungsschläfchen machen."
Jäger mit Wasserpistole taucht auf. Geht in den Laden, erkennt den Wolf, schießt mit seiner Wasserpistole auf ihn und zerrt ihn hinter die Bühne. Stoffi, Tante Olga und der Jäger treten vor.

Jäger: *(ärgerlich)* „Na, das ist ja gerade noch mal gut gegangen. Wie konnte denn das überhaupt passieren?"
Stoffi: „Naja, ich hab den Wolf im Wald getroffen, und er hat mir gesagt..."
Jäger: „Im Wald?? Ja hat dir denn deine Mutter nicht gesagt, dass du auf dem Weg bleiben sollst?"
Stoffi: *(kleinlaut)*: „ Naja, hm ja hat sie."
Jäger: „Und du bist einfach in den Wald gegangen?"
Stoffi: „ Naja, da lagen so leckere Duplos"
Jäger: „Duplos? Ich glaub du spinnst! Wegen deinen Duplos wurden du und Tante Olga aufgefressen. Ne, Stoffi, das war ganz falsch. Beim nächsten Mal lässt du dich nicht vom richtigen Weg weglocken, sondern hörst auf deine Mutti, verstanden?"
Stoffi: „Jaaa."

Spiel

- **Ansagen** *(neue Kinder begrüßen, 10x da-Liste, ...)*
- **Spiele** Armdrücken *(Jungen gegen Mädchen)*
  Ja/Nein – Stuhl *(Fragen stellen (z.B. über Fußball), die man nur mit Ja oder Nein beantworten kann, dann Jungen gegen Mädchen)*
- **Lieder** _Wir werden die Sieger sein
  _Das will ich nicht
- **Ermahnung** *(Regel wiederholen, zum Zuhören animieren)*
- **Puppentheater** HELLERBERGGÄNG: „Lass den Peace rein." (Titelsong der gleichnamigen CD. Erschienen bei cap!-music.)

(Am Besten bekommt Big Joe, dabei ein Schild mit der Aufschrift „Frieden" in die Hand. Damit kann er Friedrich dann auch schlagen.)

Botschaft

- **Geschichte/Botschaft: Fussballerportrait von Zé Roberto**** *(Sketchboard)*

(Auf Puppentheater reflektierend) Tja, die Sache mit Krieg und Frieden ist gar nicht so einfach. Alle Menschen wollen doch Frieden, keiner will doch eigentlich, dass was Böses passiert. Aber manchmal, wenn man vor der Wahl steht, dann macht man auf einmal doch das Falsche und entscheidet sich für das Schlechte!

Sketch-board

Heute möchte ich euch von einem berühmten Fußballspieler erzählen, der in seinem Leben ein paar ganz wichtige Entscheidungen getroffen hat. *(Bild von Zé Roberto hochhalten und auf das Sketchboard kleben, die weiteren hier aufgeführten fettgedruckten Worte in Negativschrift anschreiben, siehe Bild)* Der Fußballer heißt Zé Roberto und ist wie viele andere berühmte Fußballer in Brasilien geboren und aufgewachsen. Man könnte ja denken, wenn der Zé Roberto so ein berühmter Fußballspieler ist, dann hatte er bestimmt auch reiche Eltern. Aber wisst ihr was? Die Familie von Zé Roberto war ganz arm. Die haben nicht in einem schönen Haus gewohnt, sondern mussten in einer ganz

** Quelle: Kadel, David: Fussball Gott: Erlebnisberichte vom heiligen Rasen, Gerth Medien Asslar, 2002. ISBN: 3-89437-764-X

mickrigen **Wohnung** *(Wellblechhütte malen)* am Stadtrand leben. In einem Viertel, wo die armen Leute wohnen. Zé Roberto hatte noch vier Geschwister, und sein Vater zog weg, als er zehn Jahre war. Da versuchte seine Mutter ganz viel zu arbeiten, um ihn und seine Geschwister zu versorgen. Aber manchmal war einfach noch nicht einmal genug zu essen im Haus.

Aber Zé Roberto hatte ein ganz großes Hobby: Fußballspielen! Von morgens bis abends spielte er mit seinen Freunden draußen **Fußball** *(Fußball anmalen/ kleben)*. Er hatte zwar keine Schuhe, aber er konnte auch barfuss gut spielen und er hatte ein paar Freunde, die auch gerne Fußball spielten. Doch irgendwann begannen seine Freunde sich nicht nur für Fußball zu interessieren, sondern auch für **Drogen** *(anschreiben)*. Und zwei seiner Freunde die nahmen sogar immer härtere Drogen und rutschten immer tiefer da rein.
Zé Roberto sah das natürlich und musste sich fragen: Ist das **gut** *(anschreiben)*? Ist das gut was die machen? Soll ich vielleicht auch mal ein paar Drogen ausprobieren? Oder ist das **schlecht** *(anschreiben)*? Soll ich da lieber meine Finger von lassen? Und dann passierte etwas ganz Furchtbares: Seine Freunde wurden beide von der Polizei erschossen. Das war ganz schlimm für den Zé Roberto. Das waren doch seine Freunde gewesen!
Da traf Zé Roberto eine ganz wichtige Entscheidung. Er sagte zu sich: „Nein, mit Drogen und mit der ganzen Kriminalität will ich nichts zu tun haben. Das ist schlecht. Das will ich nicht. Dann spiel ich lieber weiter Fußball."
Das war eine gute Entscheidung. Mit dem Fußballspielen ging das nämlich immer besser und bald durfte er in einer richtig guten Fußballmannschaft mitspielen. Das war etwas ganz besonderes, und nur ganz wenige bekamen die Chance dort mitzuspielen.
Als er 18 Jahre alt war, traf Zé Roberto noch eine ganz wichtige Entscheidung. **Jesus** *(anschreiben)* Er entschied sich für Jesus. Er wurde Christ und wollte auf das hören, was Gott sagt. Auch im Fußball. Und das war gar nicht so leicht. Er merkte nämlich, dass viele junge Fußballspieler mit ihrem plötzlichen Erfolg gar nicht umgehen können. Die waren berühmt und verdienten Geld und konnten sich plötzlich alles kaufen, was sie wollten. Auch wenn das für sie gar nicht **gut** *(anschreiben)* war. Aber Zé Roberto entschied sich: „Nein, das will ich nicht. Das ist schlecht! Ich verdiene jetzt zwar auch Geld, aber damit will ich lieber anderen Menschen helfen, denen es nicht so gut geht. Ich will auf Jesus hören und ihm nachfolgen."
Zé Roberto musste sich in seinem Leben oft entscheiden. Manchmal hat er sich auch für das Falsche entschieden, aber oft hat er sich für das Gute entschieden. Und er wusste auch, es gibt einen Gott, der das Gute will und an dem ich mich orientieren kann, wenn ich mal nicht so genau weiß wie ich mich entscheiden soll.

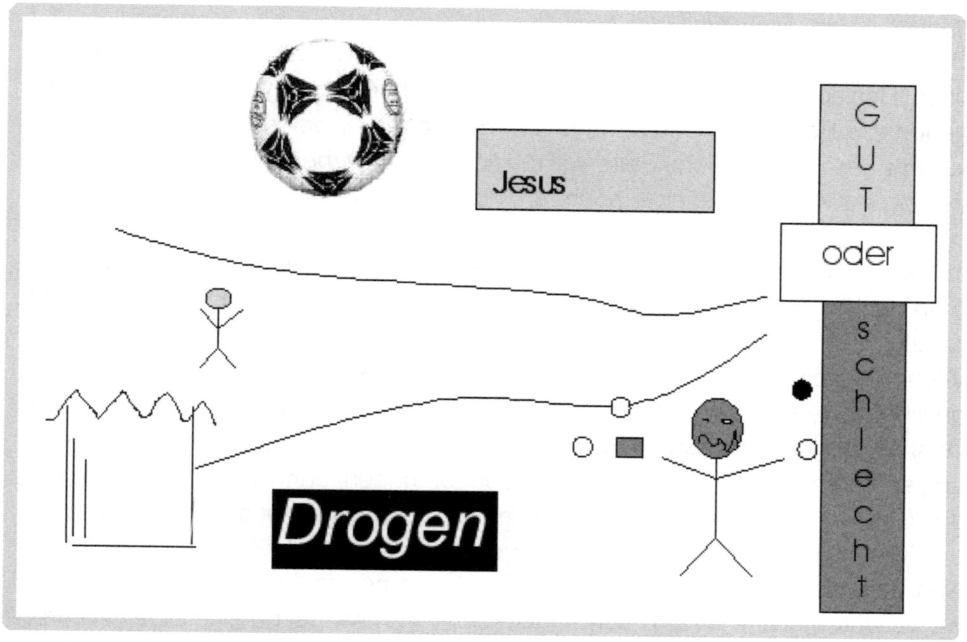

Anwendung

- **Anwendung** mit Merkvers:

„Lass dich nicht vom Bösen
besiegen, sondern besiege das
Böse durch das Gute.“
(Römer12,21)

Den Bibelvers in zwei Teilen aufschreiben. Erst den ersten Teil zeigen, dann den zweiten Teil.
Parallel dazu steht ein schwarz und ein weiß gekleideter Mensch auf der Bühne, die gegeneinander Seilziehen. Der Erzähler hat eine Getränkeflasche in der Hand, mit der er mal dem einen, mal dem anderen etwas zu trinken gibt. Wer „gefüttert“ wird, der wird stärker und zieht den anderen leicht in seine Richtung.

So, jetzt brauche ich mal zwei starke Kinder, die mir helfen, ein Plakat zu halten. „Lass dich nicht vom Bösen besiegen“, das ist ein Satz, der in der Bibel steht. Zè Roberto, der hat das gemacht. Er hat das Gute gewählt. Aber wenn wir ehrlich sind, wir kriegen das nicht immer hin. In unserem Herzen sind zwei Seiten. Eine gute und eine böse. Und mal gewinnt die gute und mal die böse Seite. In der Bibel steht auch drin: Wir wollen oft das Gute, aber wir kriegen es einfach nicht hin!

Dieser Satz, der hier vorne zu lesen ist, der geht noch weiter. Da steht nämlich noch: Besiege das Böse durch das Gute! Was heißt das? Wie kann das Gute gegen das Böse gewinnen *(auf die zwei Seilzieher hinweisen)*? Ich glaube, es kommt darauf an, welche Seite wir füttern. *(Jetzt immer den „Seilziehern" abwechselnd was einflössen – oder zumindest so tun als ob.)*

Ihr wisst alle, wenn man einen Film ansieht, der einem Angst macht, dann kann man nachts nicht schlafen – aber manchmal habt ihr das trotzdem getan. Das ist, als ob du das Böse fütterst. Hier im Kidsclub wollen wir das Gute füttern. Wenn du hier herkommst, dann soll das dazu helfen, dass das Gute in dir gewinnt! Du kannst aber auch sagen: „Nein, ich will das Böse. Ich will böse sein." Dann gewinnt diese Seite! Was hast du für Freunde: Unsere Freunde können uns sehr verändern! Wenn wir gute Freunde haben, dann wird uns das helfen das Gute zu tun. Wenn wir aber mit den Freunden unterwegs sind, die immer nur Mist machen, dann werden wir auch so sein wie sie!
Gott hat uns ein Buch gegeben – die Bibel – wenn wir darin lesen, dann füttern wir das Gute in uns. Wer möchte, dem schenken wir gerne eine Bibel. Wenn wir darin lesen, das hilft uns. Wir müssen uns immer wieder entscheiden: Wen füttere ich?
Wenn du dich wirklich für das Gute entscheiden willst, dann bete zu Gott und sag ihm: Vater im Himmel, ich schaff es oft nicht, das Gute zu tun. Ich brauche deine Hilfe! Komm und steh mir bei. Entschuldigung, für alles, was ich getan habe, das dir nicht gefällt! Ich will auf der Seite des Guten stehen. AMEN!

- **Lied** _Ich bin dein Kind
- **Segen** *(regelmäßiges Segensgebet, auf OHP-Folie)*

LEKTION 3_

THEMA _

GEBET HILFT ÜBER WEITE ENTFERNUNGEN

HEILUNG DES SOHNES EINES KÖNGLICHEN BEAMTEN (JOHANNES 4,43ff)

Ziel

Zielgedanke: Zielgedanke: Rede mit Jesus, er hört dich!!

Ablauf

Ablauf:

- **Countdown** *(mit erhobenen Händen von 10 auf 0 zählen)*
- **Lied** _Wer ist der König des Dschungels
- **Clown** Clown soll einen Gegenstand spielen und alle anderen sollen ihn raten. Das wird ihm vor den Kindern erklärt. Clown wird rausgeschickt und den Kindern gesagt, dass der Clown gleich eine „Brezel" vorspielt und sie alle möglichen Worte rufen sollen, nur eben nicht das Wort „Brezel"! Clown kommt rein, bemüht sich verzweifelt, eine Brezel vorzuspielen, verrenkt sich immer mehr. Schluss: Clown ist total verknotet und muss rausgetragen werden.

Clown

- **Ansagen** *(neue Kinder begrüßen, 10x da-Liste, ...)*
- **Spiele** Brezelwettessen: Auf einer Leine werden zehn kleine Salzbrezel aufgefädelt und je fünf auf beide Seiten geschoben. Ein Junge und ein Mädchen sollen um die Wette ihre fünf Brezeln von der Leine futtern. Dabei müssen die Hände auf dem Rücken bleiben. Die Leine wird ungefähr auf „Nasenhöhe" gehalten. Wer zuerst seine fünf Brezeln gegessen hat, gewinnt.
„Lehmann sagt"-Variante: drei Jungs und drei Mädchen kommen nach vorne und stellen sich mit den Gesichtern zu den Kindern nebeneinander. Spielleiter sagt ihnen drei verschiedene Kommandos, die sie nachmachen sollen: „Bitte laufen" *(Gehbewegung)*, „Bitte schlafen" *(Hände unter den Kopf legen-Schlafgeste)*, „Bitte beten" *(Mit den Händen überkreuz die Schultern berühren!!!)* Das Kommando hat aber nur dann Gültigkeit, wenn der Spielleiter das Wort „Bitte" davor gebraucht, ansonsten muss die vorherige Geste beibehalten werden. Wer von den Spielern die falsche Geste macht, muss sich hinsetzen.

Spiel

- **Lieder** _Wir werfen unsre Sorgen
  _Nichts kann uns trennen
  _Hab Mut, sei stark!
- **Ermahnung** *(Regel wiederholen, zum Zuhören animieren)*
- **Puppentheater** HELLERBERGGÄNG: „Big Joe haut ab"

Botschaft

- **Geschichte/Botschaft: Theaterstück**

Personen: Königlicher Beamter, Diener, Jesus

Diener kehrt den Boden, königlicher Beamter tritt auf ihn zu.

Beamte: *(verzweifelt)* „Mein Diener, ich weiß einfach nicht mehr, was ich tun soll! Mein Sohn liegt todkrank in seinem Bett und wenn nicht bald etwas passiert, dann stirbt er!! Ich bin völlig verzweifelt. Ich werde jetzt zu diesem Jesus gehen, ich habe gehört, dass er Menschen gesund gemacht hat. Er muss mir einfach helfen. Es ist ein weiter Weg, aber ich gehe sofort los. Pass bitte auf alles auf und besonders auf meinen Sohn!"

Diener nickt, geht weg, Beamte fängt auf der Bühne pantomimisch an zu laufen. Währenddessen werden über den OHP die Tag und Nacht-Folien gezogen (download unter www.stoffwechsel.com).

Beamte wird langsamer, gähnt, streckt sich, stolpert,... dann rafft er sich wieder auf, erblickt Jesus und rennt auf ihn zu.

Beamter: *(völlig außer Atem)* „Jesus, Jesus, du musst mir einfach helfen, mein Sohn liegt im Sterben und nur du kannst ihn noch gesund machen, bitte komm mit mir und mach ihn wieder gesund, bitte!!"

Jesus: „Du willst doch bloß ein Wunder sehen."

Beamter: „Nein, nein ich weiß dass du ihn gesund machen kannst, du bist meine einzige Rettung, bitte hilf uns!"

Jesus: „Dann geh nach Hause, dein Sohn ist gesund."

Beamter: Aber ist es nicht besser, wenn du mitkommst und am Bett meines Sohnes für ihn betest?"

Jesus: „Entweder du glaubst mir oder nicht!"

Beamter: *(überlegt einen kurzen Moment)* „Ok, ich glaube dir."

Beamter rennt wieder zurück, Folien wieder über den OHP ziehen, gleiche Situation wie Hinweg. Diener kommt auf seinen Herrn zugerannt, Beamter stoppt.

Diener: „Mein Herr, dein Sohn ist wieder gesund!!"

Beamter: „Was?? Er ist wieder gesund?? Wann ist das passiert?"

Diener: „Gestern so um die Mittagszeit ging es ihm plötzlich wieder gut."

Beamter: „Das war genau die Zeit, als ich bei Jesus war, er hat meinen Sohn tatsächlich wieder gesund gemacht!! Schnell, ich will zu ihm."

(beide ab)

Anwendung

- **Anwendung und Merkvers**

Bittet, so wird euch gegeben *(auf Pappe schreiben)*

Erzähler *(Bibelverserklärer)* tritt vor und sagt:...

Toll, was? Der Mann hat Jesus gebeten, und Jesus hat geholfen. In der Bibel steht ja auch schon drin: Bittet, so wird euch gegeben. Stellt euch mal vor, der

hätte das nicht getan. Wir kucken uns mal an, was dann passiert wäre. *(Gleiche Geschichte noch einmal, bisschen verkürzt, spielen. Der Beamte kommt zu Jesus und sagt nichts – setzt an, aber kein Wort kommt aus seinem Mund)*
Erzähler: „Na, sag was."
Beamter: *(nichts, nur Mundbewegung)*
„Tja Kinder, oft wollen wir, dass Jesus was tut; aber wir fragen ihn gar nicht. Da steht aber: Bittet! Nicht wünscht euch, sondern bittet. Und da muss man eben was sagen! *(Zu dem Beamten:)* Also Mann, sag doch was. Hier steht: Bittet, so wird euch gegeben. Jesus macht nichts, wenn du ihn nicht fragst. Er will gern wissen, was du willst."
Beamter fragt
Jesus *(antwortet)*: „Du willst doch nur ein Wunder sehen."
Beamter *(zum Erzähler)*: „Siehst du, das nützt nichts. Der macht doch nichts."
Erzähler: „Frag ihn noch mal, los. In der Bibel steht drin, wir sollen ruhig öfter um etwas bitten. Wir können Jesus auf die Nerven fallen. *(Zum Beamten:)* Los, trau dich."
Beamter: „Na, wenn du meinst." *(fragt Jesus)*
Jesus: „Geh nach Hause, dein Sohn ist gesund."
Beamter: „Und... war's das?"
Erzähler: „Ja, glaub ihm einfach. Er hat's doch gesagt! Übrigens Kinder: bedeutet das, dass wir immer alles kriegen, was wir wollen? Natürlich nicht. Ihr habt ja vorher die Hellerberggäng gehört: Manchmal sagt Gott JA, manchmal NEIN und manchmal SPÄTER, also warte noch ein bisschen. Aber wir bekommen von Gott alles, was gut für uns ist. *(Zu dem Mann)* Also, du kannst nach Hause gehen, er hat dich erhört."
Beamter: „Na gut."
(Geschichte bis zum Ende spielen)

Wir sagen das jetzt noch mal alle zusammen: „Bittet so wird euch gegeben."
(einige Male, evtl. auch Einzelne oder Mädchen/Jungs sagen lassen.)

_Brezelgeschichte ...was die Brezel eigentlich mit Beten zu tun hat

Wer von euch weiß denn, was das Beten mit Brezeln zu tun hat?
Ich will euch mal eine kurze Geschichte erzählen. Und zwar darüber wie die Brezel eigentlich erfunden wurde.
Die Geschichte spielt in einem Kloster in Frankreich vor vielen hundert Jahren.
In diesem Kloster lebten Mönche, die zusammen lernten und beteten.
Aber wisst ihr was? Die Mönche damals beteten ganz anders als wir heute.
Wenn wir mit Gott sprechen, dann falten wir meistens dabei die Hände *(vormachen)*.
Aber die Mönche damals, die kreuzten die Arme vor sich, wenn sie mit Gott sprachen. Das sah dann ungefähr so aus *(vormachen)*. In dem Kloster lebte

auch ein Mönch, der war Bäcker und der backte für das Kloster Brot und Kuchen. Er musste den Teig kneten und das Brot in den Ofen schieben. Manchmal klebten hier und da noch ein paar Teigreste, die nicht mit im Ofen gelandet waren. Und da kam ihm eines Tages eine gute Idee.
In diesem Kloster lebten nämlich nicht nur erwachsene und alte Mönche, sondern es gab auch Kinder, die dort unterrichtet wurden, und lernten, um vielleicht später selber einmal Mönch zu werden. Diese Kinder beteten in der gleichen Haltung wie auch die erwachsenen Mönche, also mit überkreuzten Armen. Und sie lernten Bibelverse, Lieder und Gebete auswendig.
Da hatte der Bäckermönch eine Idee. Er rollte aus den Teigresten kleine Schlangen und legte die Enden überkreuz. Das sah dann so aus, wie die Arme der Mönche beim Beten oder eben wie unsere Brezeln heute *(Brezel hochhalten)*.
Diese Brezeln bekamen dann die Kinder oder die kleinen Mönche. Vielleicht wenn sie einen Bibelvers auswendig gelernt hatten, oder einfach zur Erinnerung, dass sie immer und überall mit Gott sprechen also zu ihm beten können. Heute gibt es immer noch Brezeln beim Bäcker, auch bei uns hier in Deutschland. Wenn ihr sie seht oder esst, könnt ihr an die Geschichte vom Bäckermönch denken, aber vor allem daran, dass auch wir immer und überall mit Gott unserem Vater im Himmel sprechen können.
Das wollen wir jetzt auch zusammen machen und dabei können wir heute ja mal wie die Mönche damals brezeln...äh beten...

- **Gebet**
- **Lied:** _Ich ruf bei Jesus an
- **Aufruf und Segen**

B_ SKETCHBOARD-BAUPLAN

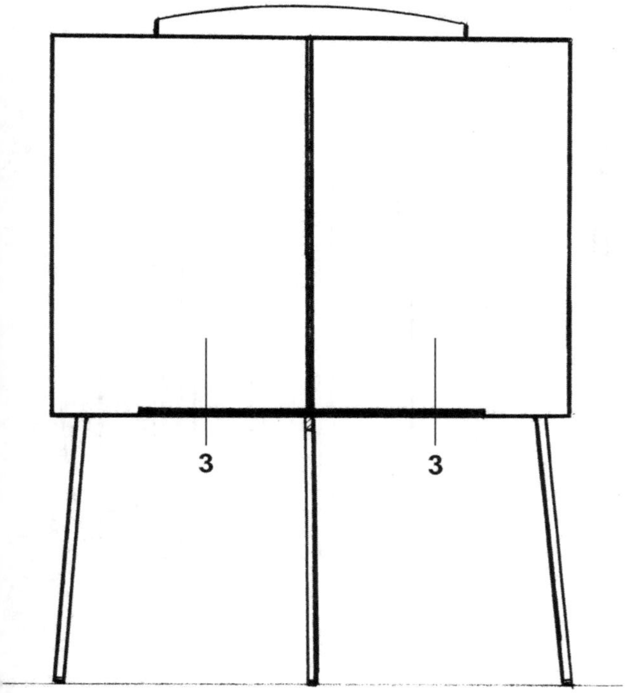

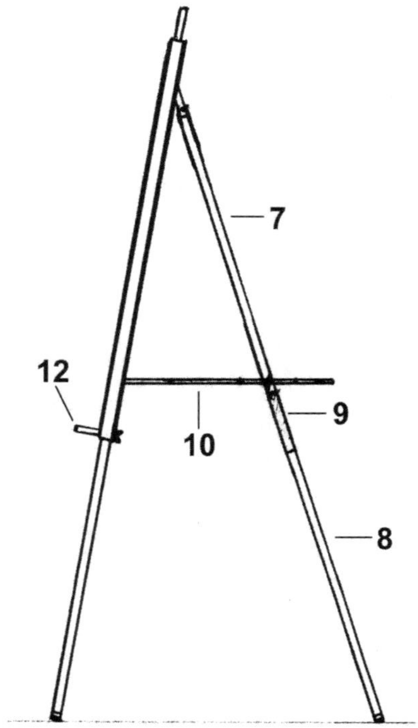

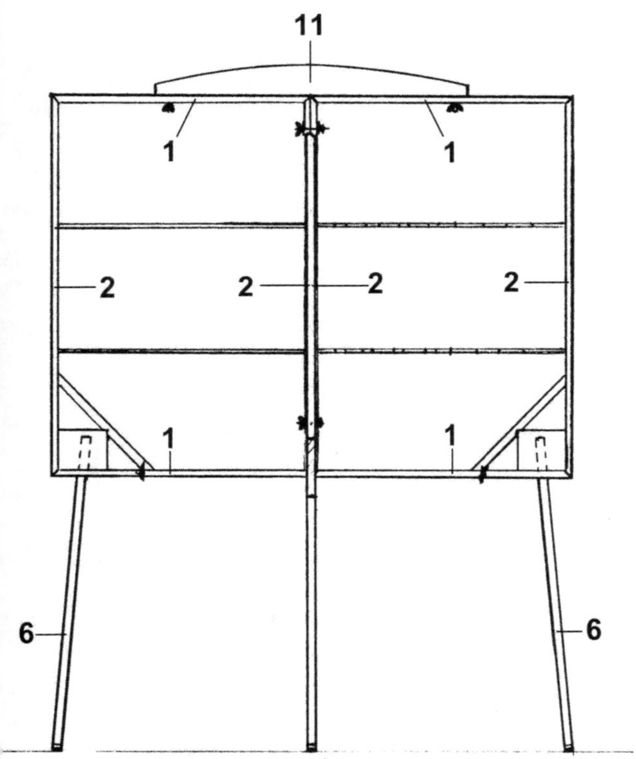

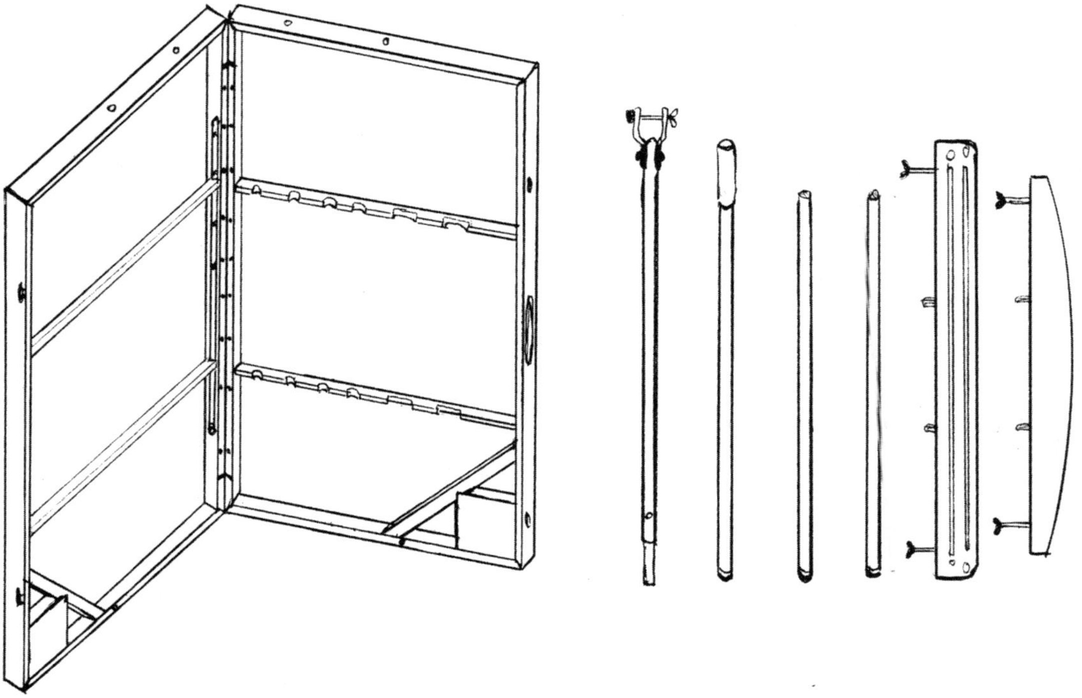

MATERIAL-LISTE

Pos	Stk	Beschreibung	Material	Fertigmass in mm L	B	H/St
1	4x	Rahmen oben/unten (durchlaufend)	Härteres Furniersperrholz	835	40	22
2	4x	Rahmen rechts/links/Mitte (zwischen die Rahmen Pos 1 geschraubt oder gedübelt)	Härteres Furniersperrholz	1166	40	22
3	2x	Sketchboardplatten auf die Rahmen aufgeleimt	Härteres Furniersperrholz	835	1210	5
4	4x	Plattenverstärker mit beidseitig eingeschnitzten Halterungen (für Standbeine Pos 6, Ständerstange Pos 7/8, Aufsatz Pos 11 und Ablage Pos 12) zwischen Rahmen Pos 2 und Sketchboardplatten Pos 3 geleimt (evtl. zusätzlich verschraubt)	Härteres Furniersperrholz	791	38	22
5	2x	Klötze zum Einbohren der Standbeine	Furniersperrholz oder Massivholzklotz	200	150	40
6	2x	Standbeine rechts und links mit Gumminoppen	Sehr gut möglich aus Massivholz- Vorhangstangen	940	Ø28	
7	1x	Ständerstange oben zu verbinden mit Pos8	Sehr gut möglich aus Massivholz- Vorhangstangen	1120	Ø28	
7a	2x	Gebogene Metallplättchen zur Verbindung der Ständerstange Pos 7 mit dem Sketchboard Die Metallplättchen sind mit zwei metrischen Schrauben M6 x 40 und Mutter an der Ständerstange Pos 7 befestigt	Metallplättchen 2x M6 x 40 mit Mutter	100	ca. 20	
7b	1x	Metrische Schraube M6 x 60 mit Flügelmutter	1x M6 x 60 mit Flügelmutter			
8	1x	Ständerstange unten zu verbinden mit Pos 7- zum Boden hin mit Gumminoppen	Sehr gut möglich aus Massivholz- Vorhangstangen	1000	Ø28	
9	1x	Aluminiumrohr (oder anderes Metallrohr) mit Innendurchmesser Ø28 zum Verbinden von Pos 7 und Pos 8 (falls kein Rohr mit Innendurchmesser Ø28 verfügbar, dann kleinere Durchmesser wählen und Ständerstange Pos 7 und Pos 8 mit Raspel und Holzfeile im Durchmesser anpassen)	Aluminiumrohr (oder anderes Metallrohr)	200		
10	1x	Aluminiumhalterung (oder anderes Metall) mit Loch zum Festschrauben (mit Halbrundholzschraube 4,5 x 20) an Innenseite des Rahmens Pos 2 und mehreren Löchern (zur Ständerstange Pos 7/8 hin) zum Verstellen (mit metrischer Schraube M6 x 45 und Flügelmutter) des Aufstellwinkels vom Sketchboard	Aluminiumhalterung (oder anderes Metall) 1x Halbrundholz-schraube 4,5 x 20 1x M6 x 45 und Flügelmutter	600	ca. 20	ca. 5
11	1x	Aufsatz mit 4x Dübeln 40 x Ø10 zum Aufstecken auf die Rahmenteile Pos 1- damit das Sketchboard seinen festen Stand bekommt	Härteres Furniersperrholz 4x Dübel 40 x Ø10	900	80	22
12	1x	Ablage vorn mit 2x Stockschrauben (besitzt vorn ein 6er Holzgewinde und am anderem Ende ein 8er metrisches Gewinde ca. 80-90 lang) und Flügelmuttern rechts und links Dübeln 40 x Ø10 in der Mitte zum Aufstecken auf die Rahmenteile Pos 1	Härteres Furniersperrholz 2x Stockschrauben 2x Dübel 40 x Ø10	1000	70	22
13	1x	Klavierband, um das Sketchboard als Koffer zu händeln		1200		
14	1x	Koffergriff	Koffergriff			
15	2x	Kofferschnallen	Schnallen			

C_ FLYER FÜR STOFFI_KIDSCLUB

1) Allgemeiner Flyer, der immer wieder verteilt werden kann

2) Speziell für einen stoffi_KIDSCLUB

_FRAGEN SIE NACH CDS VOM STOFFWECHSEL:

Hellerberg:gäng

Lass den Peace rein

Bestell-Nr. 05651

ISBN 3-935699-84-0

Hörspiel über das Leben von Sabine Ball

Von der Millionärin zur Tellerwäscherin

Bestell-Nr. 05650

ISBN 3-935699-89-1

_UND NACH ANDEREN TOLLEN CDS FÜR KINDER

bei:

cap! music

cap!-music
Oberer Garten 8
D-72221 Haiterbach-Beihingen
Tel.: 07456-9393-0
Fax: 07456-9393-29
Email: info@cap-music.de
Onlineshop: www.cap-music.de

_NOTIZEN

_NOTIZEN

_NOTIZEN

_NOTIZEN